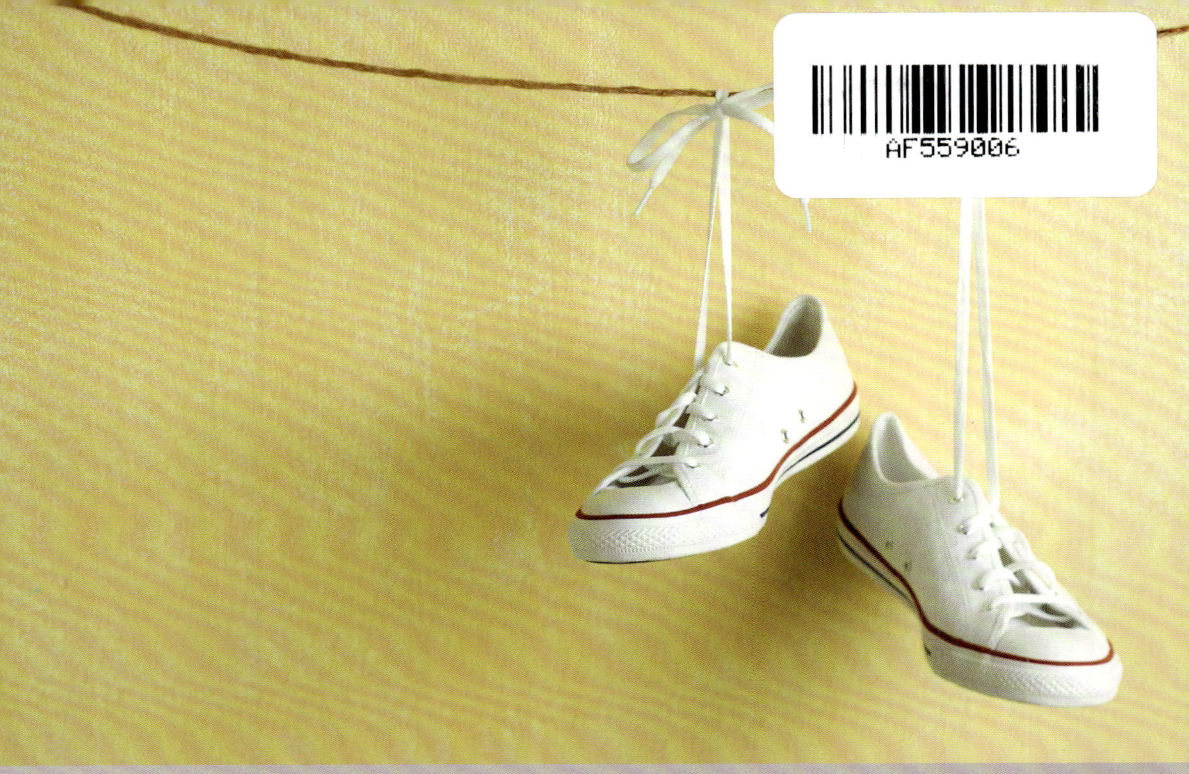

Sneakersocken stricken ist meine große Leidenschaft. Mit passionierten Turnschuhträgern in der Familie findet diese Art der Socken immer wieder begeisterte Abnehmer für kleine und große Füße. In diesem Buch habe ich für Sie meine schönsten Ideen für Sneakersocken zusammengetragen.

Mittlerweile müssen auch die Socken, die in Knöchelhöhe enden, nicht mehr im Schuh verschwinden, sondern dürfen aus dem Schuh herausspitzen. Mit kleinem Herzchen, dekorativen Perlen oder witzigen Gesichtern können Sie an Ihren Socken tolle Akzente setzen. Aber auch im Schuh können großartige Überraschungen warten. So werden die kleinen Monster-Socken mit dem Gesicht an der Ferse oder die Version mit dem Glücksschweinchen auf dem Oberfuß bestimmt schnell zu neuen Lieblingssocken.

Ich wünsche Ihnen viel Spaß beim Nachstricken dieser Sneakersocken mit Wow-Effekt.

Dagmar Bergk

Give me a Pompon

witziger Bommel mit Farbkontrast

GRÖSSE
38/39

MATERIAL
- Lang Jawoll superwash (LL 210 m/50 g) in Blau (Fb 830006) und Grün (Fb 8302169), je 50 g
- Nadelspiel 2,5 mm
- Pompon-Maker, ø 30 mm

MASCHENPROBE
Glatt rechts
mit Nd 2,5 mm
30 M und 42 R
= 10 cm x 10 cm

Glatt rechts

In Hinr rechte M, in Rückr linke M bzw. in Rd alle M rechts str.

Bündchenmuster

2 M rechts, 2 M links im Wechsel str.

Anleitung

1. Socke

60 M in Grün anschl, die M gleichmäßig auf 4 Nd verteilen (= 15 M pro Nd) und zur Rd schließen. 8 Rd im Bündchenmuster str, dann zu Blau wechseln und 6 Rd glatt rechts str. Anschließend über die M der 1. und 4. Nd die Bumerang-Ferse nach der Grundanleitung arb (siehe „So wird's gemacht").

Nach Beendigung der Ferse über die M des Oberfußes (2. und 3. Nd) verkürzte R str, um einen etwas heruntergezogenen Ausschnitt zu erreichen: Die M der 1. Nd und 3 M der 2. Nd rechts str, wenden. 1 DM arb, die M der 1. und 4. Nd und 3 M der 3. Nd links str, wenden. 1 DM arb, rechte M str bis zur DM der 1. Nd, die DM und weitere 3 M rechts str, wenden. 1 DM arb, linke M str bis zur DM auf der 3. Nd, die DM und weitere 3 M rechts str, wenden. Auf diese Weise in verkürzten R weiterstr und die R jeweils nach der DM um 3 M erweitern. Wenn noch 6 M zwischen den beiden DM auf dem Oberfuß liegen, wieder glatt rechts in Rd str. Nach 20 cm Fußlänge die Bandspitze nach der Grundanleitung str (siehe „So wird's gemacht").

2. Socke

Wie die 1. Socke str, jedoch die Fb vertauschen.

Fertigstellen

Je 1 Pompon (ø ca. 30 mm) in Blau und Grün anfertigen und am Sockenbündchen derselben Fb an der Rückseite der Socke annähen.

Mein Tipp für Sie

Weitere Größen Diese Socken lassen sich anhand der Größentabelle auch in jeder anderen Größe stricken.

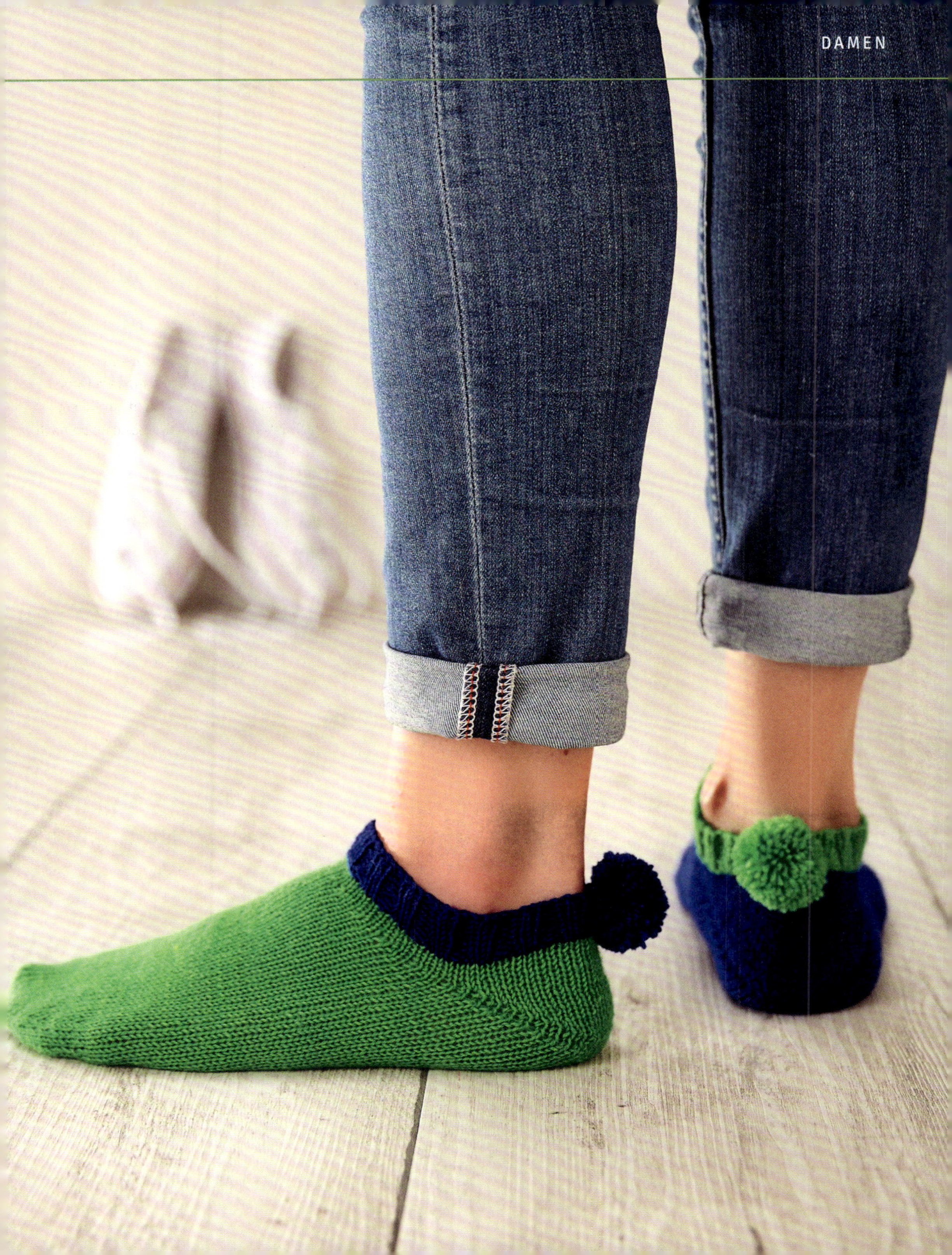

Beautiful Pearls

kleine Perlen für den Glitzer-Effekt

GRÖSSE
38/39

MATERIAL
- Schoppel ALB Lino (LL 400 m/100 g) in Rosé Mélange (Fb 2140M), 100 g
- Nadelspiel 2,5 mm

120 Rocailleperlen, ø 3 mm

MASCHENPROBE
Glatt rechts
mit Nd 2,5 mm
30 M und 40 R
= 10 cm x 10 cm

Glatt rechts

In Hinr rechte M, in Rückr linke M bzw. in Rd alle M rechts str.

Lochmuster

M-Zahl teilbar durch 6.
1. Rd: * 3 M rechts, 1 M abheben, 2 M rechts, dann die abgehobene M überziehen. Ab * über die M der 2. und 3. Nd fortlaufend wdh.
2. Rd: 4 M rechts, *1 U, 5 M rechts. Ab * über die M der 2. und 3. Nd fortlaufend wdh, enden mit 1 U, 1 M rechts.
3.+4. Rd: Alle M rechts str.
5. Rd: * 1 M abheben, 2 M rechts, die abgehobene M überziehen, 3 M rechts. Ab * über die M der 2. und 3. Nd fortlaufend wdh.
6. Rd: 1 M rechts, * 1 U, 5 M rechts *. Von * bis * über die M der 2. und 3. Nd fortlaufend wdh, enden mit 1 U, 4 M rechts.
7.+8. Rd: Alle M rechts str.
Die 1.-8. Rd fortlaufend wdh.

Anleitung

Vor dem Str 60 Rocailleperlen auf das Strickgarn fädeln.
60 M anschl, die M gleichmäßig auf 4 Nd verteilen (= 15 M pro Nd) und zur Rd schließen. 8 Rd rechts str, dann die Umbruchkante für den doppelten Saum str wie folgt:
Nächste Rd: * 2 M rechts zusammenstr, 1 Perle dicht an die M schieben, 1 U, 1 Perle dicht anschieben. Ab * stets wdh bis Rd-Ende.
8 Rd rechts str. Die letzte Rd mit einem kontrastfarbenen Fädchen markieren: Dort wird später die Anschlagkante angenäht.
2 Rd rechts str, dann über die M der 1. und 4. Nd die Bumerang-Ferse nach der Grundanleitung arb (siehe „So wird's gemacht").
Nach der Ferse auf dem Oberfuß (2. und 3. Nd) das Lochmuster arb, die Sohlen-M (1. und 4. Nd) rechts str.
Nach 20 cm Fußlänge das Lochmuster auf dem Oberfuß beenden und über alle M die Bandspitze glatt rechts nach der Grundanleitung str (siehe „So wird's gemacht").

Fertigstellen

Den Saum nach innen umschlagen und annähen. Nun liegen die Rocailleperlen am oberen Rand der Socke.

Meine Tipps für Sie

Garnmenge Ein 100-g-Knäuel des angegebenen Garns reicht für zwei Paar Socken.
Weitere Größen Das Muster lässt sich auch in anderen Größen gemäß Größentabelle stricken: Wenn die halbe Maschenzahl (= Oberfußmaschen) nicht durch 6 teilbar ist, einfach die überzähligen Maschen auf dem Oberfuß links und rechts vom Muster rechts str.

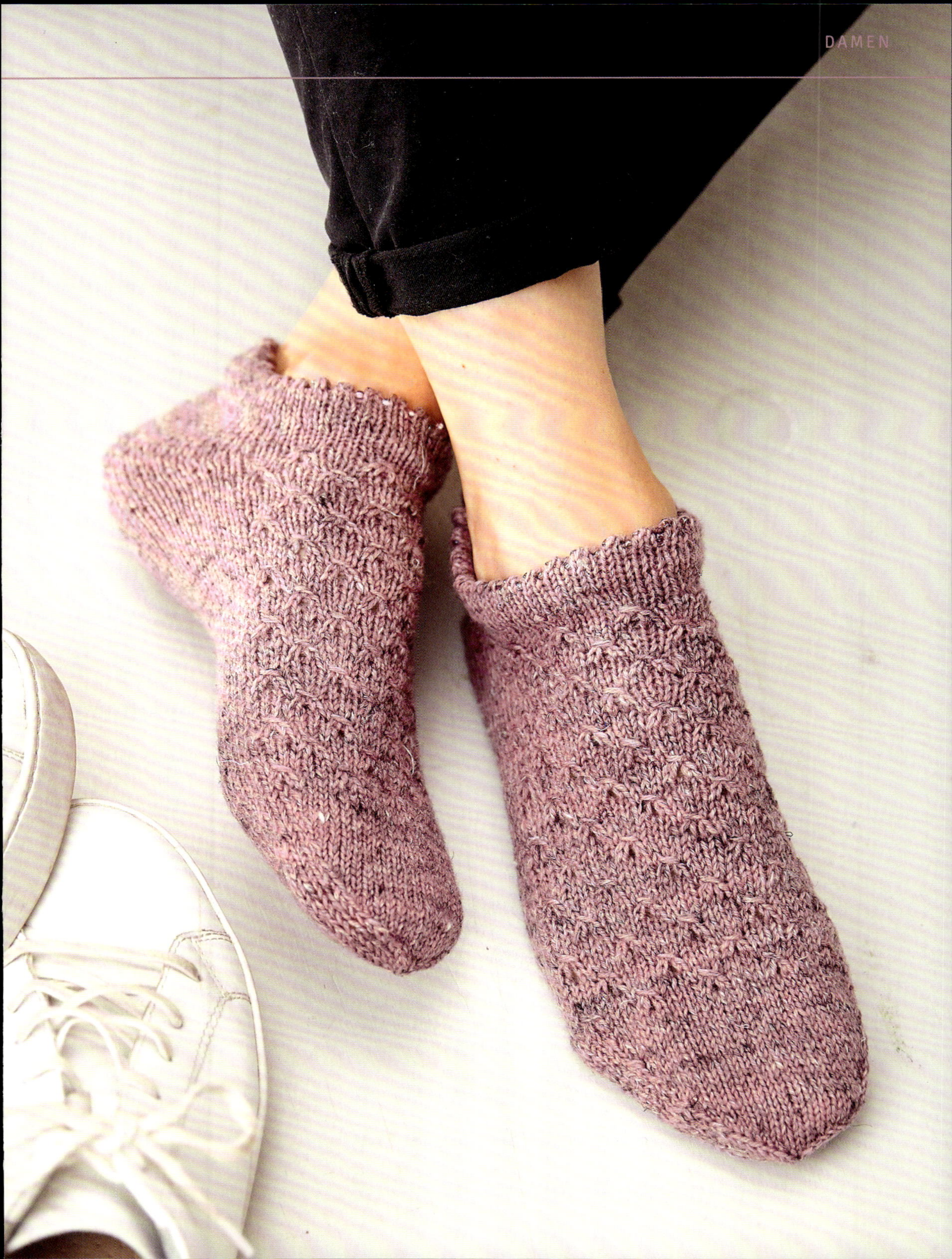

You're my Heart

süßes Herzchen für jeden Tag

GRÖSSE
38/39

MATERIAL
- Schachenmayr Regia Premium Cashmere (LL 400 m/100 g) in Weiß (Fb 01) und Lipstick Red (Fb 82), je 100 g
- Nadelspiel 2,5 mm
- Häkelnadel 2,5 mm

MASCHENPROBE
Glatt rechts
mit Nd 2,5 mm
30 M und 42 R
= 10 cm x 10 cm

Glatt rechts

In Hinr rechte M, in Rückr linke M bzw. in Rd alle M rechts str.

Bündchenmuster

(in Hin- und Rückr gestrickt)
1. R (Rückr): 3 M links, * 2 M rechts, 2 M links. Ab * fortlaufend wdh bis 5 M vor R-Ende, enden mit 2 M rechts, 3 M links.
2. R (Hinr): 3 M rechts, * 2 M links, 2 M rechts. Ab * fortlaufend wdh bis 5 M vor R-Ende, enden mit 2 M links, 3 M rechts.
Die 1. und 2. R fortlaufend wdh.

Anleitung

Diese Sneakersocken haben vor und nach der Ferse auf dem Oberfuß verkürzte R, damit der vordere Ausschnitt etwas tiefer wird.
60 M in Weiß anschl, aber noch nicht zur Rd schließen, sondern zunächst 7 R im Bündchenmuster str. Erst dann die M gleichmäßig auf 4 Nd verteilen (= 15 M pro Nd) und zur Rd schließen. Glatt rechts weiterstr.
Nach 2 Rd verkürzte R str wie folgt: Die M der 1. und 2. Nd rechts str bis 2 M vor Ende der 2. Nd; wenden. 1 DM, linke M str bis 2 M vor Ende der 3. Nd; wenden. * 1 DM, rechte M str bis 3 M vor der letzten Wendestelle; wenden. 1 DM, linke M str bis 3 M vor der letzten Wendestelle; wenden. Ab * noch 3x wdh und dabei die R jeweils um weitere 3 M verkürzen. Dann 1 Rd rechte M über alle M str und dabei die DM jeweils wie 1 M abstr.
Anschließend über die M der 1. und 4. Nd die Bumerang-Ferse nach der Grundanleitung arb (siehe „So wird's gemacht").
Nach der Ferse glatt rechts verkürzte R auf dem Oberfuß str wie folgt: Die M der 1. Nd und 3 M der 2. Nd rechts str; wenden. DM, linke M str bis zum Ende der 4. Nd plus 3 M der 3. Nd; wenden. In verkürzten Hin- und Rückr nach diesem Prinzip weiterstr und dabei jede R um 3 M verlängern, bis in der Mitte 6 M zwischen den DM übrig bleiben. Dann in Rd über alle M glatt rechts weiterstr. Nach 20 cm Fußlänge die Bandspitze nach der Grundanleitung str (siehe „So wird's gemacht").

Herz

Für das Herz einen Fadenring in Lipstick Red arb und mit der Häkelnd 2,5 mm häkeln wie folgt:
1. Rd: In den Fadenring 3 Lm, 3 DStb, 3 Stb, 1 DStb, 1 Lm, 1 DStb, 3 Stb, 3 DStb, 2 Lm, 1 Km arb.
2. Rd: 1 fM in jede M der 1. Rd häkeln. Den Faden abschneiden und sichern.
Das Herz in die hintere Öffnung des Bündchens nähen.

Meine Tipps für Sie

Garnmenge Das Material reicht für zwei Paar Socken.
Weitere Größen Anhand der Größentabelle können die Socken in jeder Größe gestrickt werden.

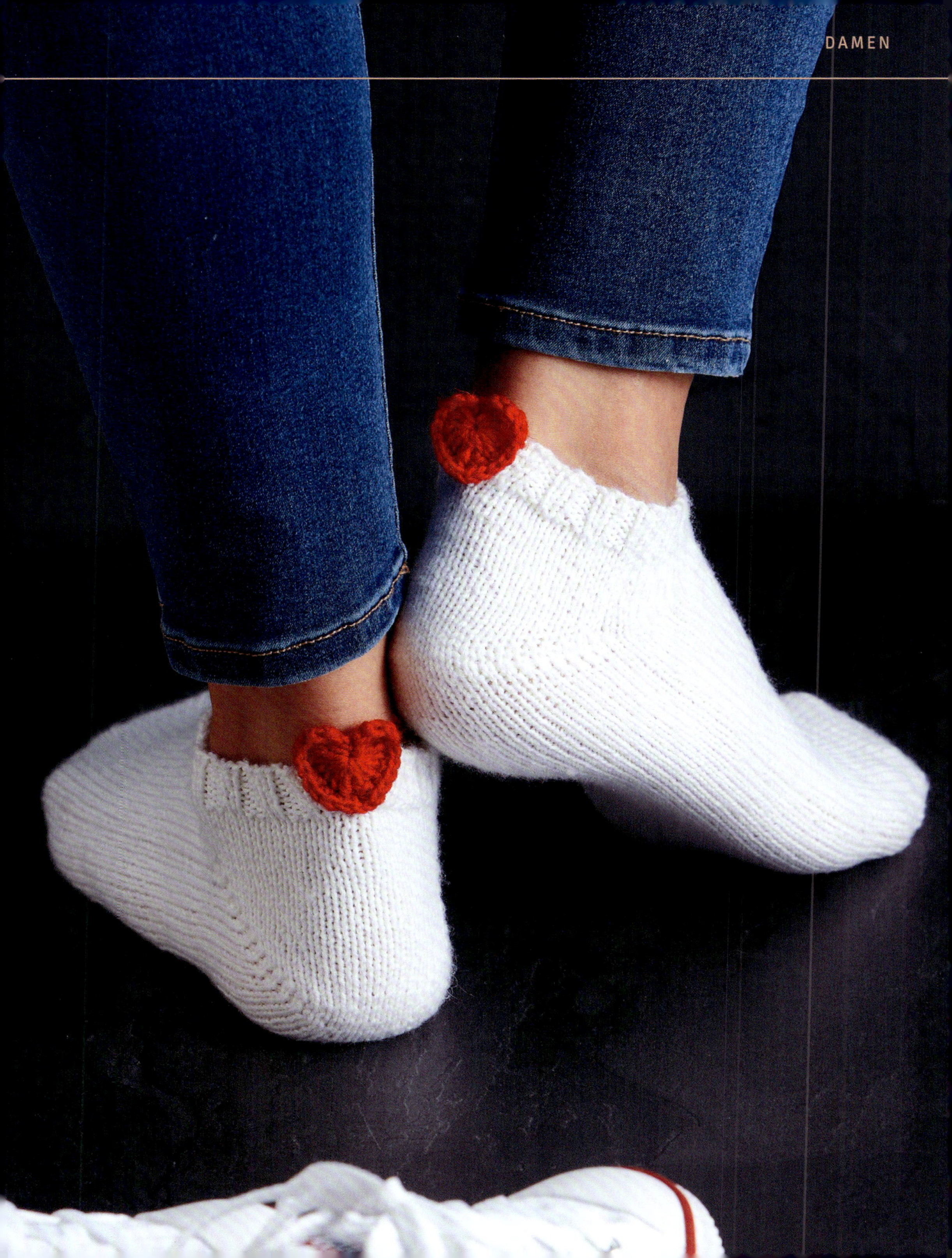

Black meets White

Käsekästchen – nicht nur fürs Büro

GRÖSSE
38/39

MATERIAL
- Schachenmayr Regia Premium Silk (LL 400 m/100 g) in Weiß (Fb 01) und Schwarz (Fb 99), je 100 g
- Nadelspiel 2,5 mm
- Stoffmalfarbe (z. B. Marabu Textil Plus) in Weiß und Schwarz
- Packpapier oder Pappe, Rest

MASCHENPROBE
Glatt rechts mit Nd 2,5 mm
30 M und 42 R
= 10 cm x 10 cm

Glatt rechts

In Hinr rechte M, in Rückr linke M bzw. in Rd alle M rechts str.

Bündchenmuster

2 M rechts, 2 M links im Wechsel str.

Anleitung

1. Socke

60 M in Weiß anschl, die M gleichmäßig auf 4 Nd verteilen (= 15 M pro Nd) und zur Rd schließen. 12 Rd im Bündchenmuster und 4 Rd glatt rechts str. Anschließend über die M der 1. und 4. Nd die Bumerang-Ferse nach der Grundanleitung arb (siehe „So wird's gemacht").
Nach der Ferse verkürzte R auf dem Oberfuß arb, um einen etwas heruntergezogenen Ausschnitt zu erreichen: Die M der 1. Nd und 3 M der 2. Nd rechts str; wenden. DM, linke M str über die M der 1. und 4. Nd und 3 M der 3. Nd, wenden. DM, rechte M str bis zur DM der 1. Nd, die DM und weitere 3 M rechts str; wenden. DM, linke M str bis zur DM auf der 3. Nd, die DM und weitere 3 M links str; wenden. Auf diese Weise weitere verkürzte R str und jedes Mal um 3 M erweitern. Wenn noch 6 M zwischen den beiden DM auf dem Oberfuß liegen, wieder in Rd über alle M str.
Nach 20 cm Fußlänge die Bandspitze nach der Grundanleitung str (siehe „So wird's gemacht").

2. Socke

Wie die 1. Socke, jedoch in Schwarz str.

Fertigstellen

Das fertige Paar Socken mit Textilfarbe bemalen: In Anlehnung an das Spiel „Käsekästchen" bekommt die weiße Socke Kringel in Schwarz, die schwarze Socke Kreuze in Weiß. Zum Bemalen ein Stück Pappe oder Packpapier zurechtschneiden und in die Socke schieben, damit die Textilfarbe nicht durchschlägt.

Meine Tipps für Sie

Garnmenge Ein Paar Socken in Größe 38/39 wiegt knapp 50 g. Das angegebene Material – je ein 100-g-Knäuel in Schwarz und Weiß – reicht also, um eine kleine Familie auszustatten.
Weitere Größen Anhand der Größentabelle können die Socken in jeder Größe gestrickt werden.

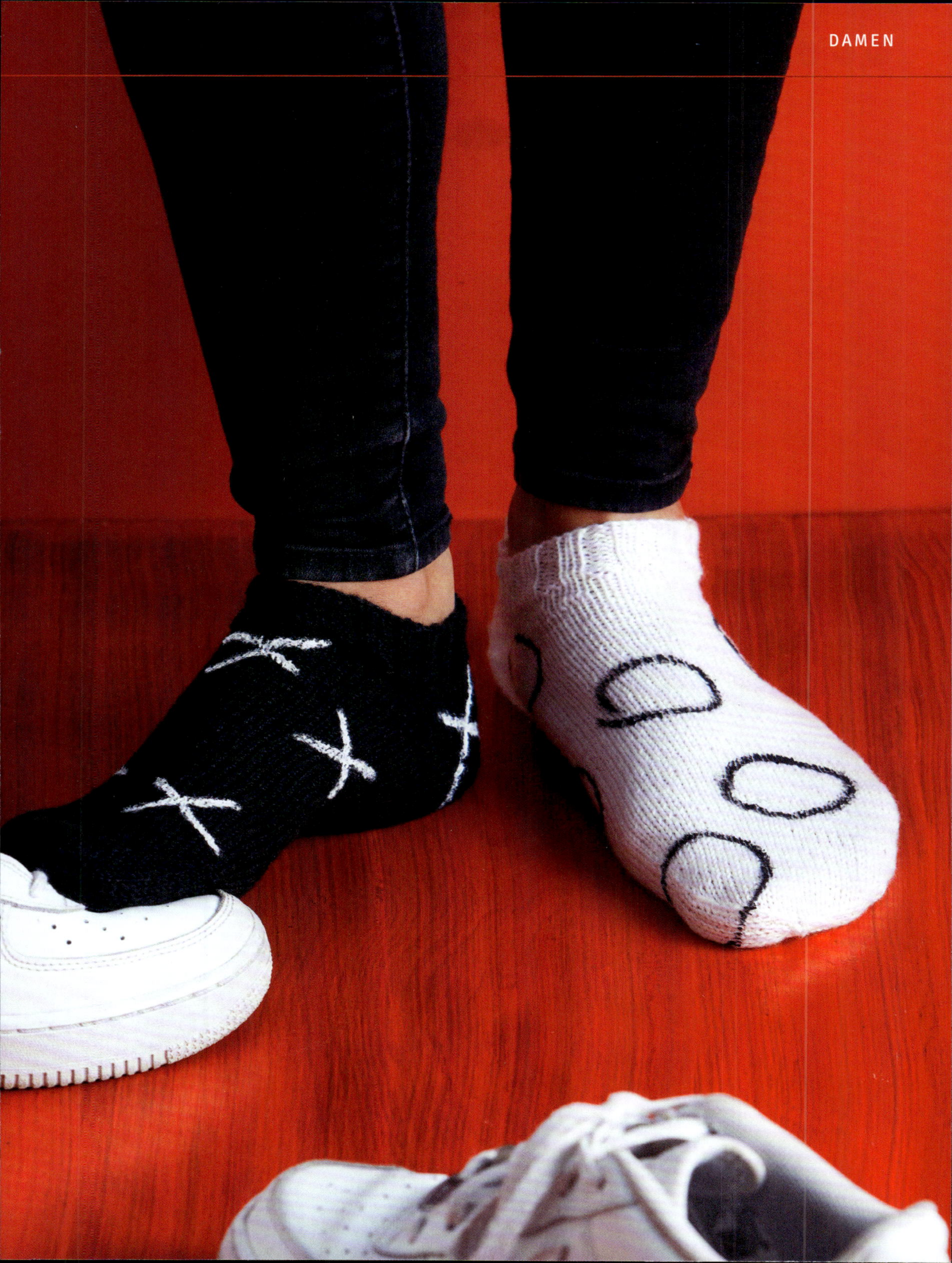

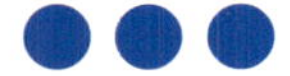

Lovely Labyrinth

hübsche Mäander in kühlen Kontrastfarben

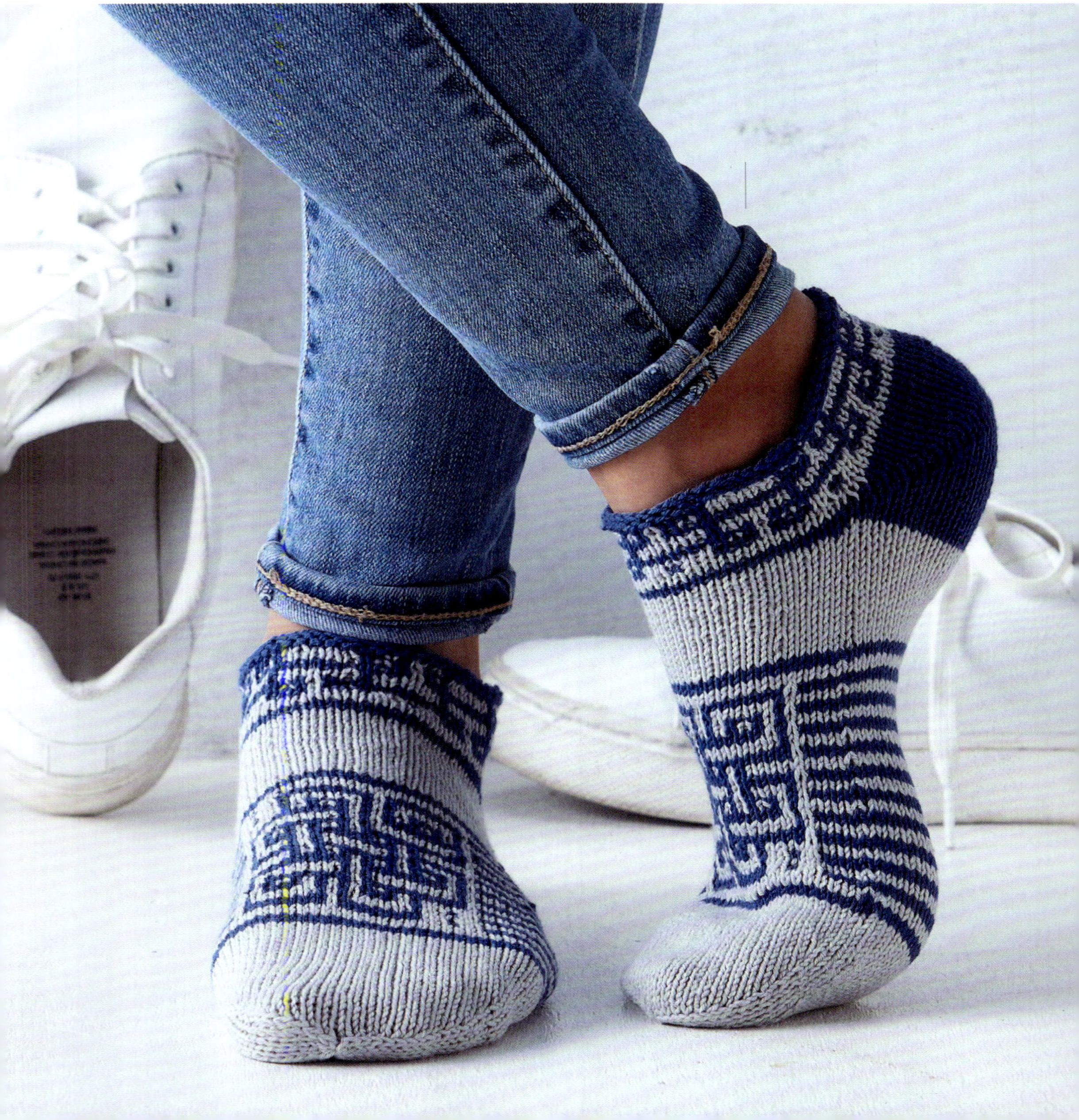

GRÖSSE
38/39

MATERIAL
- Schachenmayr Regia Cotton (LL 420 m/100 g) in Blue Jeans (Fb 2867) und Stone (Fb 3335), je 100 g
- Nadelspiel 2,5 mm

MASCHENPROBE
Glatt rechts mit Nd 2,5 mm
30 M und 42 R
= 10 cm x 10 cm

Glatt rechts

In Hinr rechte M, in Rückr linke M bzw. in Rd alle M rechts str.

Anleitung

60 M in Blue Jeans anschl, die M gleichmäßig auf 4 Nd verteilen (= 15 M pro Nd) und zur Rd schließen. 1 Rd rechts und 1 Rd links str (=1 Krausrippe). 1 Rd rechts in Stone str; den Faden in Blue Jeans nicht abschneiden. Mit dem Mosaikmuster nach Zählmuster 1 beginnen. Es werden jeweils 2 Rd in der Fb gestrickt, die am Beginn des Zählmusters rechts von der etwas stärkeren schwarzen Linie erscheint. **Dieses 1. Kästchen ist keine M, sondern dient lediglich der Angabe für die Fb:** M in dieser Fb rechts str, M in der anderen Fb mit dem Faden auf der linken Seite der Arbeit (= Innenseite der Socke) abh. Den Rapport von 12 M insgesamt 5x innerhalb der Rd arb. Jede Rd wird 2x gestrickt. Sind also 7 Rd im Zählmuster gezeichnet, werden 14 Rd gestrickt. 1x das komplette Zählmuster 1 arb.

Danach 2 Rd glatt rechts in Stone str. Anschließend über die M der 1. und 4. Nd die Bumerang-Ferse nach der Grundanleitung arb (siehe „So wird's gemacht").

Nach der Ferse glatt rechts 16 Rd in Stone, 2 Rd in Blue Jeans und 2 Rd in Stone str.

Dann über 21 M des Oberfußes nach Zählmuster 2 weiterstr: Bei der 1. Socke mit der 6. M der 2. Nd mit dem Zählmuster beginnen, bei der 2. Socke mit der 5. M der 2. Nd mit dem Zählmuster beginnen. Die übrigen Oberfuß-M und die Sohlen-M (= 1. und 4. Nd) glatt rechts in der Fb der jeweiligen Rd str.

Nach dem Ende des Zählmusters glatt rechts 2 Rd in Stone und 2 Rd in Blue Jeans str.

Dann glatt rechts in Stone weiterstr.

Nach 20 cm Fußlänge die Bandspitze nach der Grundanleitung str (siehe „So wird's gemacht").

Mein Tipp für Sie

Garnmenge Ein Paar Socken in Größe 38/39 wiegt ca. 45 g. Das angegebene Material reicht daher für mindestens drei Paar Socken in dieser Größe.

Zählmuster 1

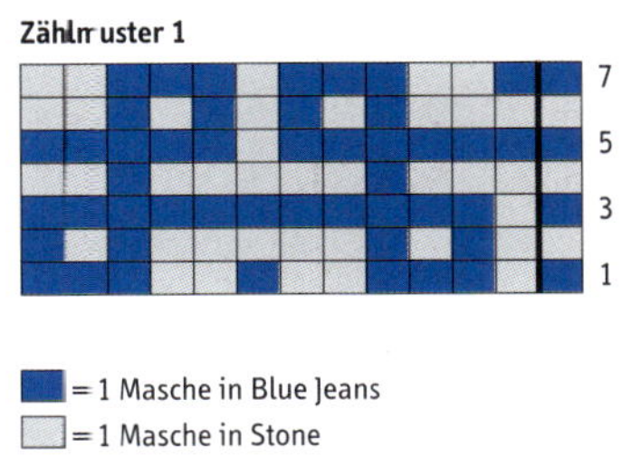

Zählmuster 2

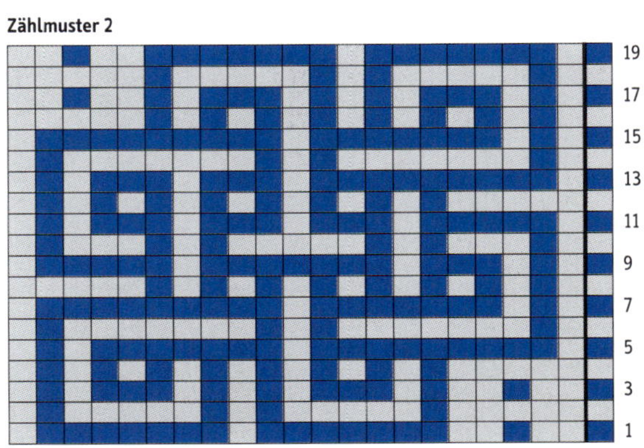

Gorgeous Greenery

verspieltes Blattmuster frisch aus dem Garten

GRÖSSE
38/39

MATERIAL
- Fb A: Schoppel Admiral (LL 420 m/100 g) in May Green (Fb 6760), 100 g
- Fb B: Schoppel Admiral Cat Print (LL 420 m/100 g) in Blühende Landschaften (Fb 2157), 100 g
- Nadelspiel 2,5 mm

MASCHENPROBE
Glatt rechts
mit Nd 2,5 mm
30 M und 40 R
= 10 cm x 10 cm

Glatt rechts

In Hinr rechte M, in Rückr linke M bzw. in Rd alle M rechts str.

Blattmuster

Über 22 M in Hin- und Rückr nach der Strickschrift str. (Achtung! Die 1. R ist eine Rückr.) Die Maschen sind so gezeichnet, wie sie auf der Vorderseite erscheinen.
Die 1.-8. R gemäß Anleitung fortlaufend wdh.

Anleitung

Zunächst in Fb A das Blattmuster in Hin- und Rückr str: 22 M anschl und nach der Strickschrift str (1. R = Rückr). Die 1.-8. R insgesamt 10x str (= 80 R). Alle M abk. Den Faden bis auf ein langes Fadenende abschneiden. Mit dem langen Fadenende die Anschlag- und die Abkett-R im Maschenstich zusammennähen.
Mit dem Faden in Fb B 60 M aus der linken Seitenkante der Blätterborte aufnehmen (= je 1 M aus 3 R, die 4. R übergehen). Die M gleichmäßig auf 4 Nd verteilen (= 15 M pro Nd) und zur Rd schließen. 3 Rd glatt rechts str. Anschließend über die M der 1. und 4. Nd die Bumerang-Ferse nach der Grundanleitung arb (siehe „So wird's gemacht").
Nach der Ferse glatt rechts in Rd weiterstr.
In 20 cm Fußlänge die Bandspitze nach der Grundanleitung str (siehe „So wird's gemacht").

Meine Tipps für Sie

Garnmenge Das Material reicht für zwei Paar Socken.
Weitere Größen Dieses Modell lässt sich in allen Größen stricken, deren Maschenzahl gemäß Größentabelle durch 6 teilbar ist. Aus jedem Höhenrapport der Blätterborte (= 8 R) werden 6 M aufgenommen: Daher muss die entsprechende Anzahl an Höhenrapporten für die gewünschte Größe gearbeitet werden.

Strickschrift

△	■	■	■	○	■	○	■	■	■	–	–	■	■	■	○	■	○	■	■	■	▲	
■	■	■	■	■	■	■	■	■	■	–	–	■	■	■	■	■	■	■	■	■	■	7
■	■	△	■	■	○	■	○	■	■	–	–	■	■	○	■	○	■	■	▲	■	■	
■	■	■	■	■	■	■	■	■	■	–	–	■	■	■	■	■	■	■	■	■	■	5
■	■	■	■	△	■	○	■	○	■	–	–	■	○	■	○	■	▲	■	■	■	■	
■	■	■	■	■	■	■	■	■	■	–	–	■	■	■	■	■	■	■	■	■	■	3
■	■	■	■	■	■	△	○	■	○	–	–	○	■	○	▲	■	■	■	■	■	■	
■	■	■	■	■	■	■	■	■	■	–	–	■	■	■	■	■	■	■	■	■	■	1

■ = 1 Masche rechts
– = 1 Masche links
▲ = 3 Maschen rechts zusammenstricken
△ = 3 Maschen rechts überzogen zusammenstricken (1 Masche abheben, 2 Maschen rechts zusammenstricken und die abgehobene Masche überziehen)
○ = 1 Umschlag

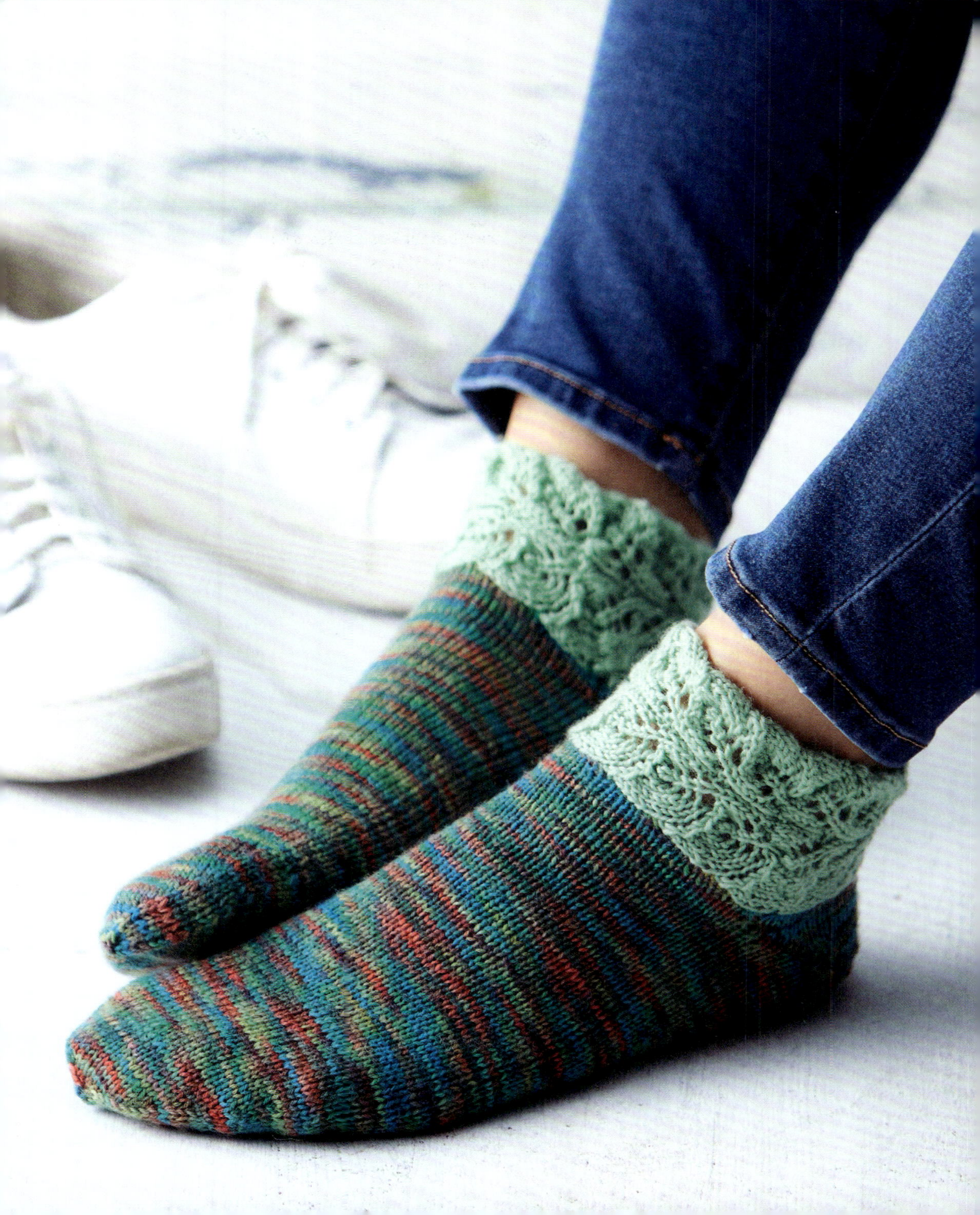

Eingehäkelte Luftmaschenketten sorgen für den Effekt am Bündchen.

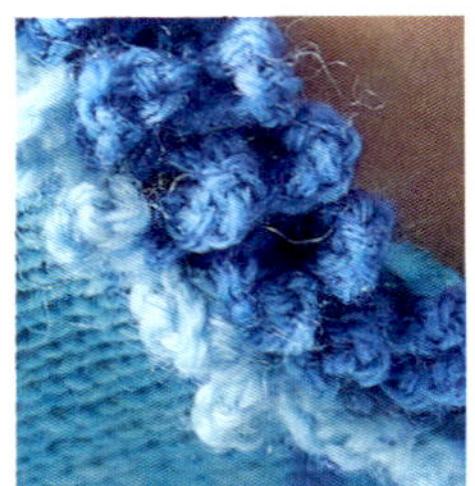
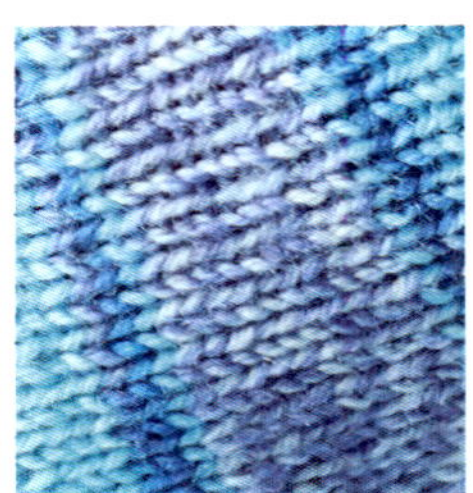
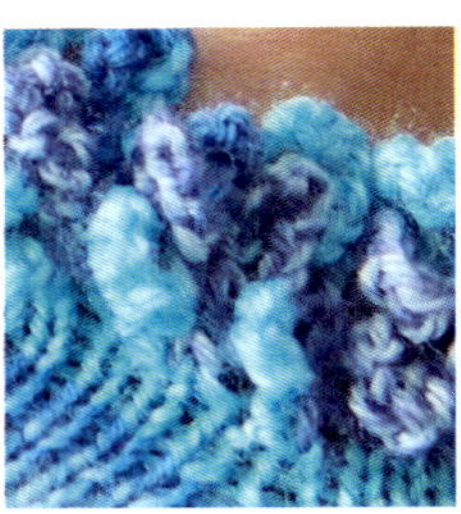

Ocean Dreams

zarter Meeresschaum für Urlaubsträume

GRÖSSE

38/39

MATERIAL

- Woll Butt Sockengarn Strümpfli Color (LL 420 m/100 g) in Blau Color (Fb 7452), 100 g
- Nadelspiel 2,5 mm
- Häkelnadel 2,5 mm

MASCHENPROBE

Glatt rechts
mit Nd 2,5 mm
30 M und 42 R
= 10 cm x 10 cm

Glatt rechts

In Hinr rechte M, in Rückr linke M bzw. in Rd alle M rechts str.

Anleitung

60 M anschl, die M gleichmäßig auf 4 Nd verteilen (= 15 M pro Nd) und zur Rd schließen. Im Schlingenmuster für das Bündchen weiterarb wie folgt:
1. Rd: Alle M rechts str.
2. Rd: * 1 M rechts str, die nächste M auf die Häkelnd nehmen und 10 Lm häkeln, anschließend diese M wieder auf die Stricknd heben. Ab * fortlaufend wdh bis Rd-Ende.
3. Rd: Alle M rechts str.
4. Rd: * Die nächste M auf die Häkelnd nehmen und 10 Lm häkeln, anschließend diese M wieder auf die Stricknd heben, 1 M rechts str. Ab * fortlaufend wdh bis Rd-Ende.
5.+6. Rd: Wie die 1. und 2. Rd arb.
Alle gehäkelten Schlingen zur rechten Seite der Arbeit holen.
4 Rd rechts str. Anschließend über die M der 1. und 4. Nd die Bumerang-Ferse nach der Grundanleitung arb (siehe „So wird's gemacht").
Nach der Ferse glatt rechts in Rd weiterstr.
In 20 cm Fußlänge die Bandspitze nach der Grundanleitung str (siehe „So wird's gemacht").

Meine Tipps für Sie

Garnmenge Das Material reicht für zwei Paar Socken in Größe 38/39 oder kleiner.
Weitere Größen Da das Schlingenmuster am Bündchen eine gerade Maschenzahl erfordert, können die Socken anhand der Größentabelle in jeder Größe gestrickt werden.

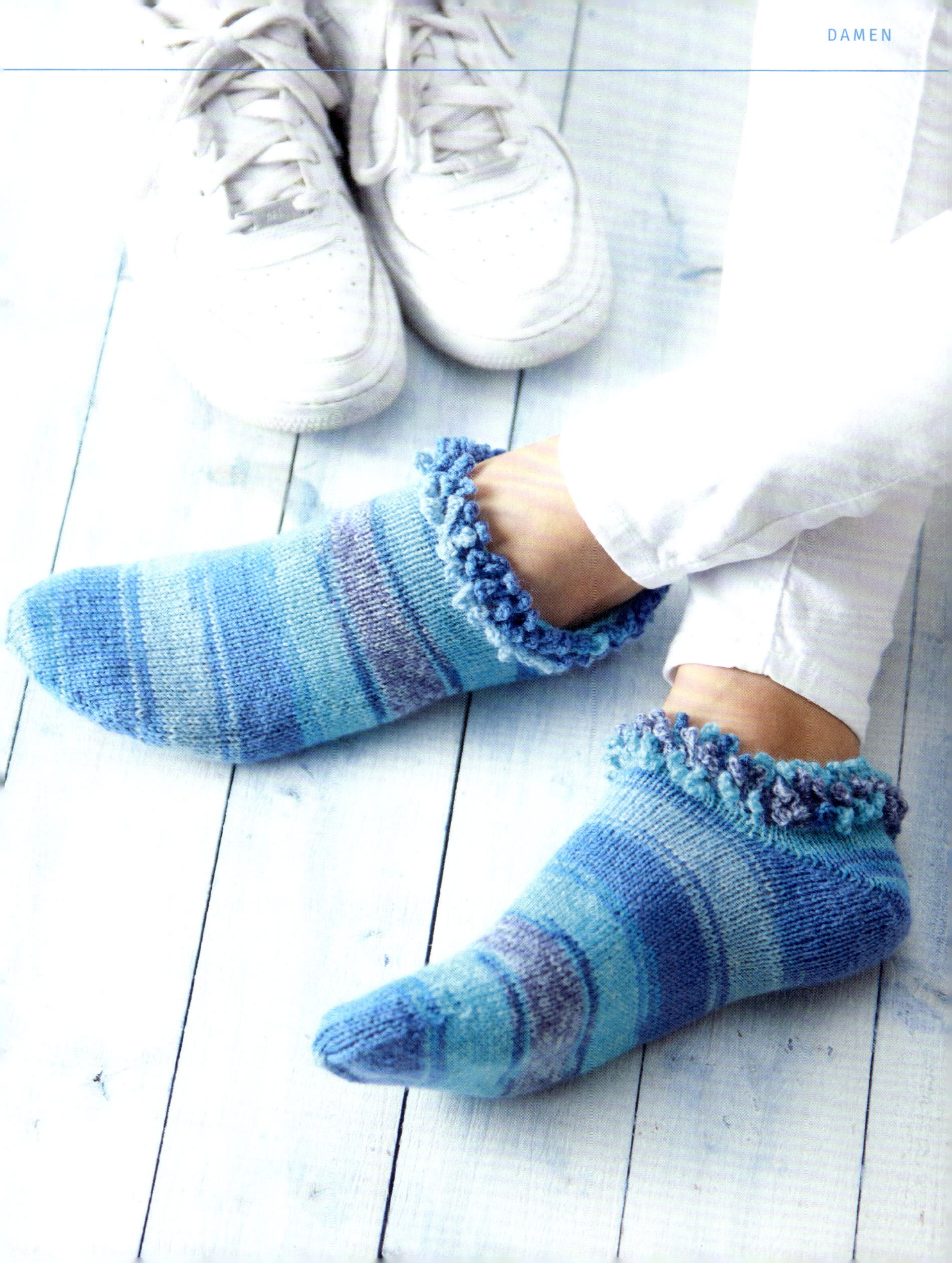

Sweet Bubbles

bunte Noppen zum Spielen

GRÖSSE
30/31

MATERIAL
- Schachenmayr Regia 4-fädig Color (LL 420 m/100 g) in Exotic color (Fb 3726), 100 g
- Nadelspiel 2,5 mm

MASCHENPROBE
Glatt rechts
mit Nd 2,5 mm
30 M und 42 R
= 10 cm x 10 cm

Glatt rechts

In Hinr rechte M, in Rückr linke M bzw. in Rd alle M rechts str.

Bündchenmuster

1 M rechts, 1 M links im Wechsel str.

Noppe

In die nächste M [1 M rechts, 1 U, 1 M rechts, 1 U, 1 M rechts] str; wenden, 5 M links str; wenden, 5 M rechts str; wenden, 5 M links str; wenden, dann nacheinander die 2., 3., 4. und 5. M über die 1. M heben und diese M links abstr.

Anleitung

52 M anschl, die M gleichmäßig auf 4 Nd verteilen (= 13 M pro Nd) und zur Rd schließen. 1 Rd im Bündchenmuster str. Dann die Noppen-Rd str wie folgt:
Nächste Rd: * 1 M rechts, 1 M links, 1 M rechts, 1 Noppe. Ab * fortlaufend wdh bis Rd-Ende.
Weitere 3 Rd im eingeteilten Bündchenmuster str. 4 Rd glatt rechts str. Anschließend über die M der 1. und 4. Nd die Bumerang-Ferse nach der Grundanleitung arb (siehe „So wird's gemacht").
Glatt rechts in Rd weiterstr bis zu einer Fußlänge von 15,5 cm, dann die Bandspitze nach der Grundanleitung str (siehe „So wird's gemacht").

Meine Tipps für Sie

Garnmenge Aus dem 100-g-Knäuel können Sie ein weiteres Paar Socken für das Geschwisterchen stricken.
Weitere Größen Da das Noppenmuster eine durch 4 teilbare Maschenzahl erfordert, können diese Socken anhand der Größentabelle in jeder Größe gestrickt werden, deren Maschenzahl ebenfalls durch 4 teilbar ist.

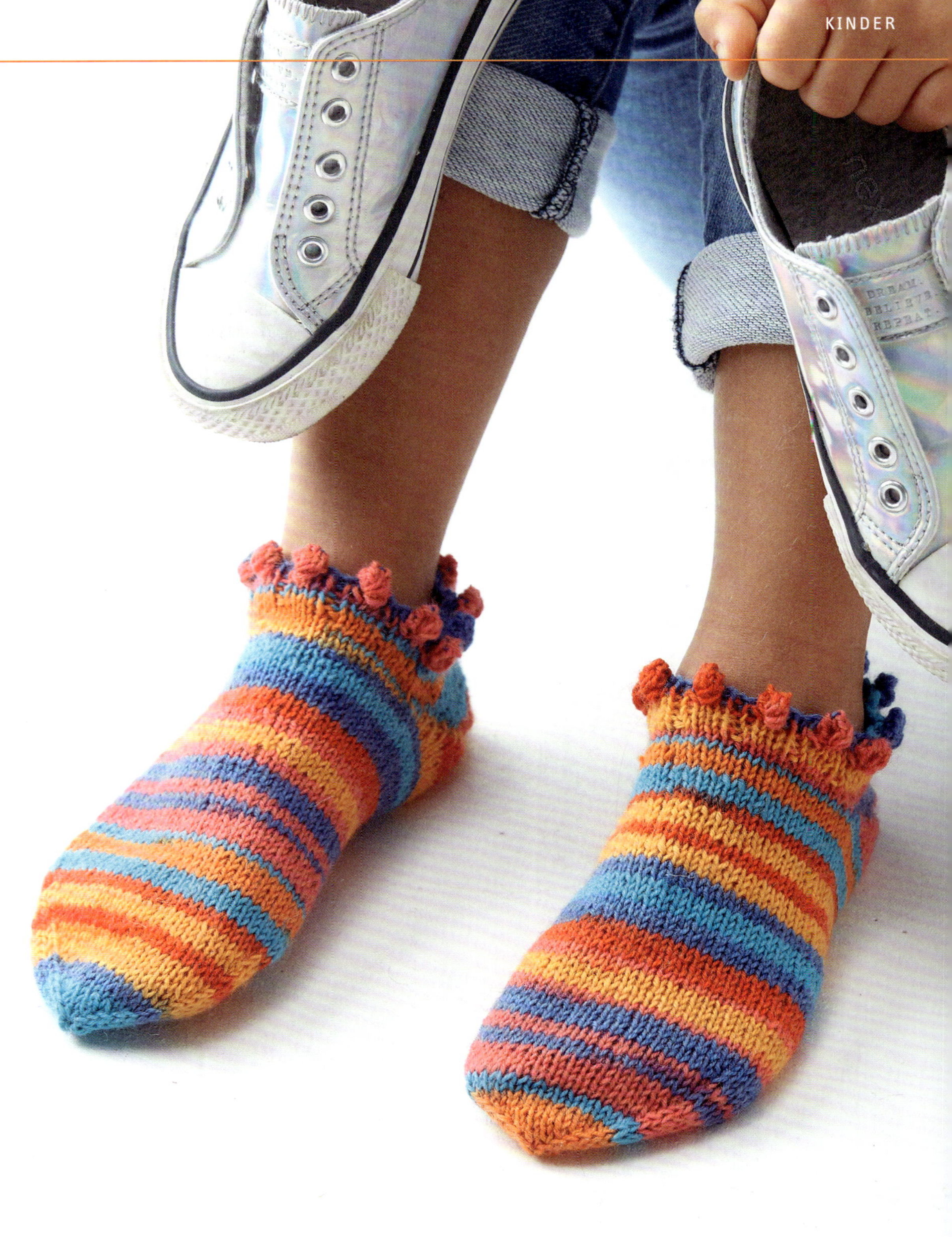

Cute Piggy

Glücksschweinchen für kleine Füße

GRÖSSE
30/31

MATERIAL
- Woll Butt Söckli Uni (LL 210 m/50 g) in Pink (Fb 25348) und Hellgrau meliert (Fb 41059), je 50 g
- Nadelspiel 2,5 mm

MASCHENPROBE
Glatt rechts
mit Nd 2,5 mm
30 M und 42 R
= 10 cm x 10 cm

Glatt rechts

In Hinr rechte M, in Rückr linke M bzw. in Rd alle M rechts str.

Bündchenmuster

1 M rechts verschränkt, 1 M links im Wechsel str. (In Rückr alle M str, wie sie erscheinen.)

Anleitung

Für die Erhöhung des Fersenbündchens zunächst 26 M in Pink anschl und 6 R im Bündchenmuster str. Dann weitere 26 M in Hellgrau meliert anschl. Alle M gleichmäßig auf 4 Nd verteilen (1. und 4. Nd je 13 M in Pink, 2. und 3. Nd je 13 M in Hellgrau meliert) und zur Rd schließen. Den pinkfarbenen Faden abschneiden. In Hellgrau meliert 6 Rd im Bündchenmuster str, dann 6 Rd glatt rechts str. Anschließend über die M der 1. und 4. Nd die Bumerang-Ferse nach der Grundanleitung arb (siehe „So wird's gemacht").
Nach der Ferse glatt rechts in Rd weiterstr.
Nach 13,5 cm Fußlänge zu Pink wechseln und 2 cm glatt rechts str.
In 15,5 cm Fußlänge die Bandspitze nach der Grundanleitung str (siehe „So wird's gemacht").

Fertigstellen

Auf die Oberseite der pinkfarbenen Fußspitze Schnauze und Augen nach dem Zählmuster im Maschenstich in Hellgrau meliert aufsticken. Die Ohren auf den grauen Teil im Kettenstich in Pink aufsticken.

Zählmuster
Das Zählmuster zeigt die 26 M des Oberfußes (2. und 3. Nd) mit dem Beginn der Bandspitze.

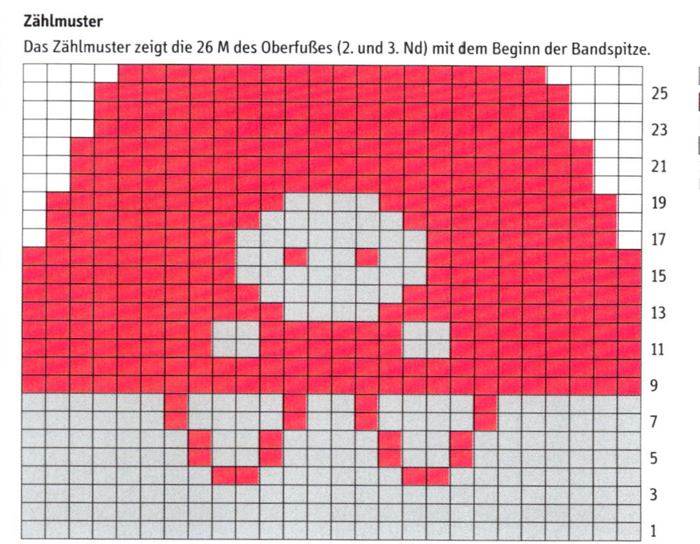

= Keine Bedeutung
= 1 Masche bzw. 1 Kettenstich in Pink
= 1 Masche bzw. 1 Maschenstich in Hellgrau meliert

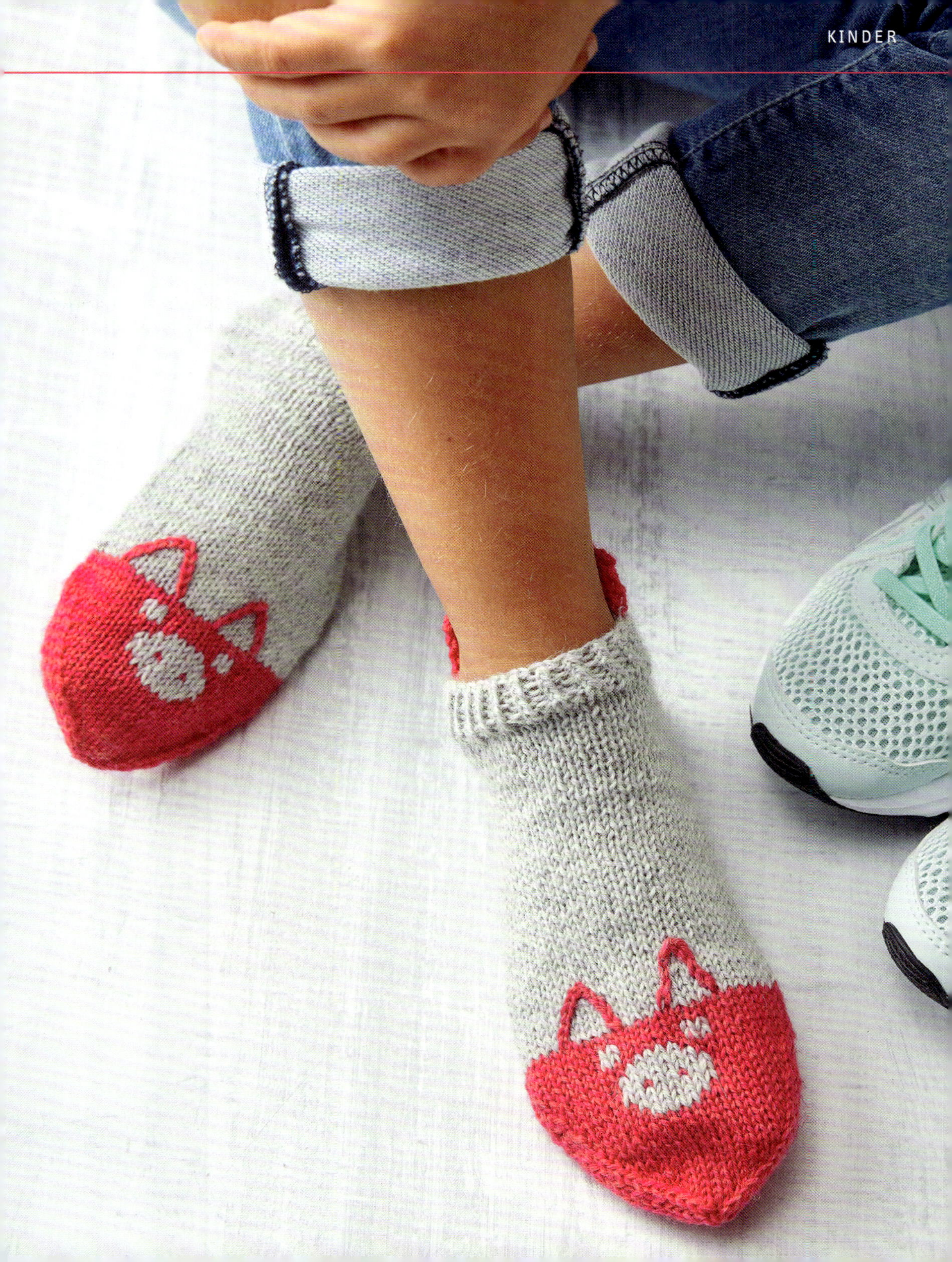

Little Princess

kleine Krönchen für kleine Prinzessinnen

GRÖSSE
30/31

MATERIAL
- Schachenmayr Regia 4-fädig (LL 210 m/50 g) in Gelb (Fb 2041), 50 g
- Nadelspiel 2,5 mm

MASCHENPROBE
Glatt rechts
mit Nd 2,5 mm
30 M und 42 R
= 10 cm x 10 cm

Kraus rechts

In Hin- und Rückr rechte M, in Rd 1 Rd rechte M, 1 Rd linke M im Wechsel str.

Anleitung

Zunächst werden die 4 Zacken einzeln gestrickt (jeweils 2 Zacken mit 11 M und 15 M Endbreite).

1. und 2. Zacke

3 M anschl und in Hin- und Rückr kraus rechts str wie folgt:
1. R (Rückr): 3 M rechts.
2. R (Hinr): 1 M rechts, 1 M aus dem Querfaden zunehmen (= 1 M zunehmen), 1 M rechts, 1 M zunehmen, 1 M rechts (= 5 M).
3. R und alle folgenden Rückr: Alle M rechts str.
4. R: 1 M rechts, 1 M zunehmen, rechte M str bis 1 M vor R-Ende, 1 M zunehmen, 1 M rechts (= 7 M).
5.–8. R: Die 3. und 4. R noch 2 x wdh (= 11 M).
Den Faden abschneiden und die M auf einer freien Nd stilllegen.
Die 2. Zacke genauso str.

3. und 4. Zacke

Wie die 1. Zacke str, jedoch nach der 8. R die 3. und 4. R noch 2 x wdh (= 15 M).
Nach dem Ende der 4. Zacke den Faden nicht abschneiden, sondern die M aller 4 Zacken so auf 4 Nd des Ndspiels verteilen, dass immer eine größere und eine kleine Zacke miteinander abwechseln und auf jeder Nd 13 M liegen. Die Arbeit zur Rd schließen. 6 Rd kraus rechts str (= 3 Krausrippen). Anschließend über die M der 1. und 4. Nd die Bumerang-Ferse nach der Grundanleitung arb (siehe „So wird's gemacht").
Nach der Ferse glatt rechts in Rd weiterstr, jedoch auf dem Oberfuß kleine Rechts-links-Karos einstricken: Dazu die letzten 2 M der 2. Nd und die ersten 2 M der 3. Nd jeweils 4 Rd rechts, 4 Rd links im Wechsel str. Alle übrigen M durchweg rechts str.
In 15,5 cm Fußlänge die Bandspitze nach der Grundanleitung str (siehe „So wird's gemacht").

Meine Tipps für Sie

Garnmenge Das Material reicht für ein weiteres, etwas kleineres Paar Socken.
Weitere Größen Diese Socken können Sie auch in anderen Größen stricken. Passen Sie dazu die Maschenzahl der Zacken an die Gesamtzahl der Maschen für die jeweilige Größe an. Für Socken in Größe 26/27 mit 48 Maschen pro Runde könnten Sie demnach zwei Zacken à 11 Maschen und zwei Zacken à 13 Maschen stricken.

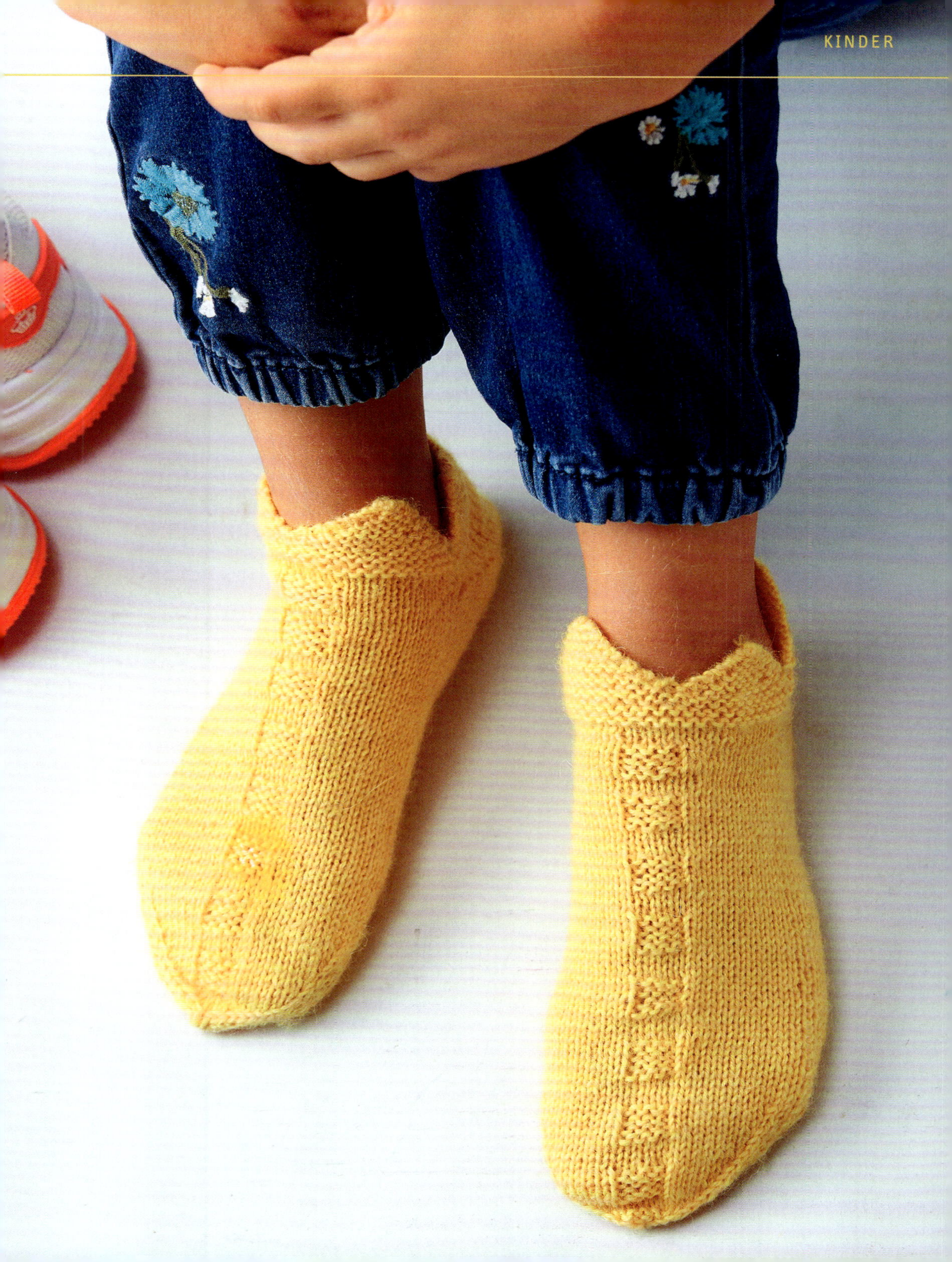

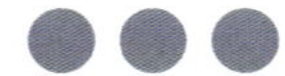

Blue Bunny

kleines Schlappohr zum Hüpfen und Springen

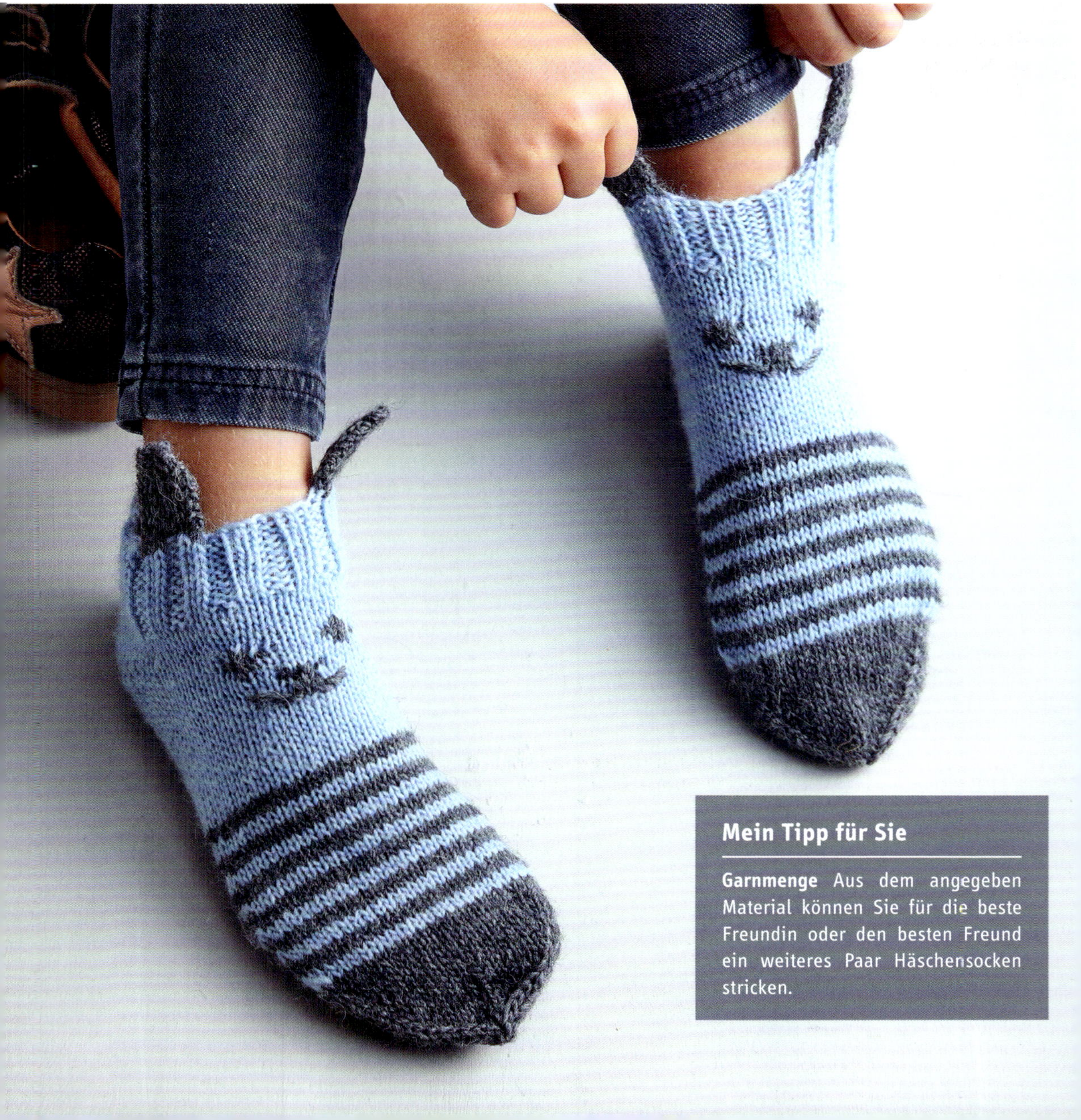

Mein Tipp für Sie

Garnmenge Aus dem angegeben Material können Sie für die beste Freundin oder den besten Freund ein weiteres Paar Häschensocken stricken.

GRÖSSE
30/31

MATERIAL
- Schachenmayr Regia 4-fädig (LL 210 m/50 g) in Hellblau (Fb 1945) und Mittelgrau (Fb 44), je 50 g
- Nadelspiel 2,5 mm

MASCHENPROBE
Glatt rechts mit Nd 2,5 mm
30 M und 42 R
= 10 cm x 10 cm

Glatt rechts
In Hinr rechte M, in Rückr linke M bzw. in Rd alle M rechts str.

Bündchenmuster
2 M rechts, 2 M links im Wechsel str.

Anleitung
Zunächst die beiden Ohren str wie folgt.

1. Ohr
In Mittelgrau 5 M anschl.
1. R (Rückr): 1 M links, 1 M rechts, 1 M links, 1 M rechts, 1 M links str.
2. R: 1 M rechts, 1 M links abheben (Faden vor der Arbeit), [1 M rechts, 1 U, 1 M rechts] in die nächste M str, 1 M links abheben (Faden vor der Arbeit), 1 M rechts (= 7 M).
3.-5. R: Alle rechts erscheinenden M rechts str, alle links erscheinenden M links abheben (Faden vor der Arbeit).
6. R: 1 M rechts, * 1 M links abheben, [1 M rechts, 1 U, 1 M rechts] in die nächste M str. Ab * noch 1x wdh, 1 M links abheben, 1 M rechts (= 11 M).
Mustergemäß weiterstr (wie in der 3.-5. R) bis zu einer Höhe von 2,5 cm. In der nächsten Hinr fortlaufend 2 M rechts verschränkt zusammenstr, die letzte M rechts str. Die verbleibenden 6 M auf einer freien Nd stilllegen.

2. Ohr
Wie das. 1. Ohr str.
52 M in Hellblau anschl. Die Arbeit noch nicht zur Rd schließen, sondern 1 R im Bündchenmuster in folgender Einteilung str:
1. Nd: 1 M rechts, * 2 M links, 2 M rechts. Ab * fortlaufend wdh bis Nd-Ende (= 13 M).
2. Nd: 2 M links, im Bündchenmuster weiterstr, dabei die nächsten 6 M jeweils mit 1 M des 1. Ohrs zusammenstr, 2 M links, 2 M rechts, 1 M links (= 13 M).
3. Nd: 1 M links, 2 M rechts, 2 M links, im Bündchenmuster weiterstr, dabei die nächsten 6 M jeweils mit 1 M des 2. Ohrs zusammenstricken, 2 M links (= 13 M).
4. Nd: Im Bündchenmuster str, mit 1 M rechts enden (= 13 M).
Die Arbeit zur Rd schließen. 9 Rd im eingeteilten Bündchenmuster und 4 Rd glatt rechts str. Anschließend über die M der 1. und 4. Nd die Bumerang-Ferse nach der Grundanleitung arb (siehe „So wird's gemacht").
Nach der Ferse Augen und Nase des Häschens auf dem Oberfuß einstricken. Für jedes Auge und für die Nase jeweils einen ca. 50 cm langen Faden in Mittelgrau zuschneiden. Glatt rechts in Hellblau weiterstr, dabei in der 1. Augen-Rd für das 1. Auge die 9. und 10. M der 2. Nd in Mittelgrau str, die nächsten 6 M in Hellblau str und mit einem 2. grauen Faden die nächsten 2 M in Mittelgrau str. Die grauen Fäden auf der Rückseite der Arbeit hängen lassen und in der nächsten Rd wieder zum Beginn des jeweiligen Auges zurückführen; der blaue Faden läuft hinter dem Auge weiter. In der 2. Augen-Rd die 8.-11. M der 2. Nd in Mittelgrau str, 4 M in Hellblau und die nächsten 4 M für das 2. Auge in Mittelgrau str. In der 3. Augen-Rd wieder jeweils 2 M in Mittelgrau str wie in der 1. Augen-Rd. 2 Rd glatt rechts in Hellblau str, dann zwischen den Augen mit einem weiteren grauen Faden die Nase einstricken: in der 1. Nasen-Rd über 4 M, dann in den nächsten beiden Nasen-Rd jeweils über die mittleren 2 M.
10 Rd glatt rechts in Hellblau str, dann im Streifenmuster jeweils 2 Rd in Mittelgrau und 2 Rd in Hellblau im Wechsel weiterstr. Nach 15,5 cm Fußlänge den hellblauen Faden abschneiden und die Bandspitze in Grau nach der Grundanleitung str (siehe „So wird's gemacht").

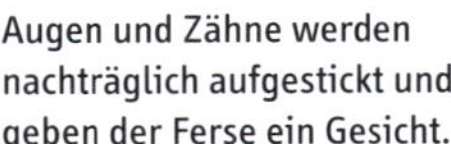

Augen und Zähne werden nachträglich aufgestickt und geben der Ferse ein Gesicht.

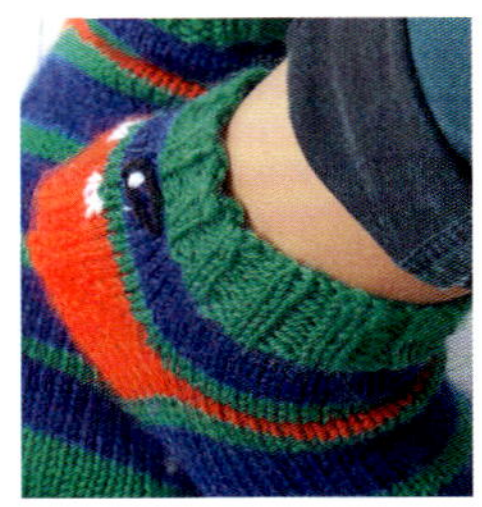

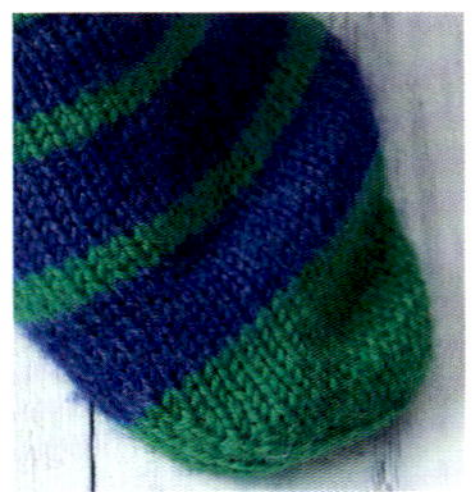

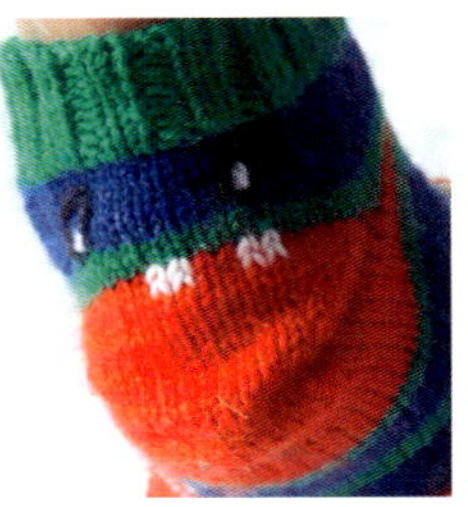

Marvellous Monsters

Gute-Laune-Monster für graue Tage

GRÖSSE
30/31

MATERIAL

- Schachenmayr Regia 4-fädig (LL 210 m/50 g) in Hochrot (Fb 2054), Royal (Fb 540) und Blatt (Fb 2082), je 50 g, und in Schwarz (Fb ??) und Weiß (Fb ??), Reste
- Nadelspiel 2,5 mm

MASCHENPROBE
Glatt rechts mit Nd 2,5 mm
30 M und 40 R
= 10 cm x 10 cm

Glatt rechts

In Hinr rechte M, in Rückr linke M bzw. in Rd alle M rechts str.

Bündchenmuster

2 M rechts, 2 M links im Wechsel str.

Anleitung

In Blatt 52 M anschl, die M gleichmäßig auf 4 Nd verteilen (= 15 M pro Nd) und zur Rd schließen. 10 Rd im Bündchenmuster str. Glatt rechts 8 Rd in Royal und 3 Rd in Blatt str. Anschließend zu Hochrot wechseln und über die M der 1. und 4. Nd die Bumerang-Ferse nach der Grundanleitung arb (siehe „So wird's gemacht“).

Nach der Ferse glatt rechts weiterstr wie folgt: * 3 Rd in Blatt, 8 Rd in Royal. Ab * noch 3 x wdh, dann in Blatt weiterstr. In 15,5 cm Fußlänge die Bandspitze nach der Grundanleitung str (siehe „So wird's gemacht“).

Fertigstellen

Auf den blauen Streifen oberhalb der Ferse zwei Augen im Stiel- und Plattstich, auf den oberen Rand der roten Ferse zwei Zähne im Maschenstich aufsticken (siehe Foto).

Meine Tipps für Sie

Garnmenge Ein Paar dieser Socken in Größe 30/31 wiegt 30 g. Mit dem angegebenen Material können Sie daher auch noch Socken für zwei Geschwister stricken.

Weitere Größen Anhand der Größentabelle können die Socken in jeder Größe gestrickt werden: Die Stickerei passen Sie einfach der jeweiligen Größe an.

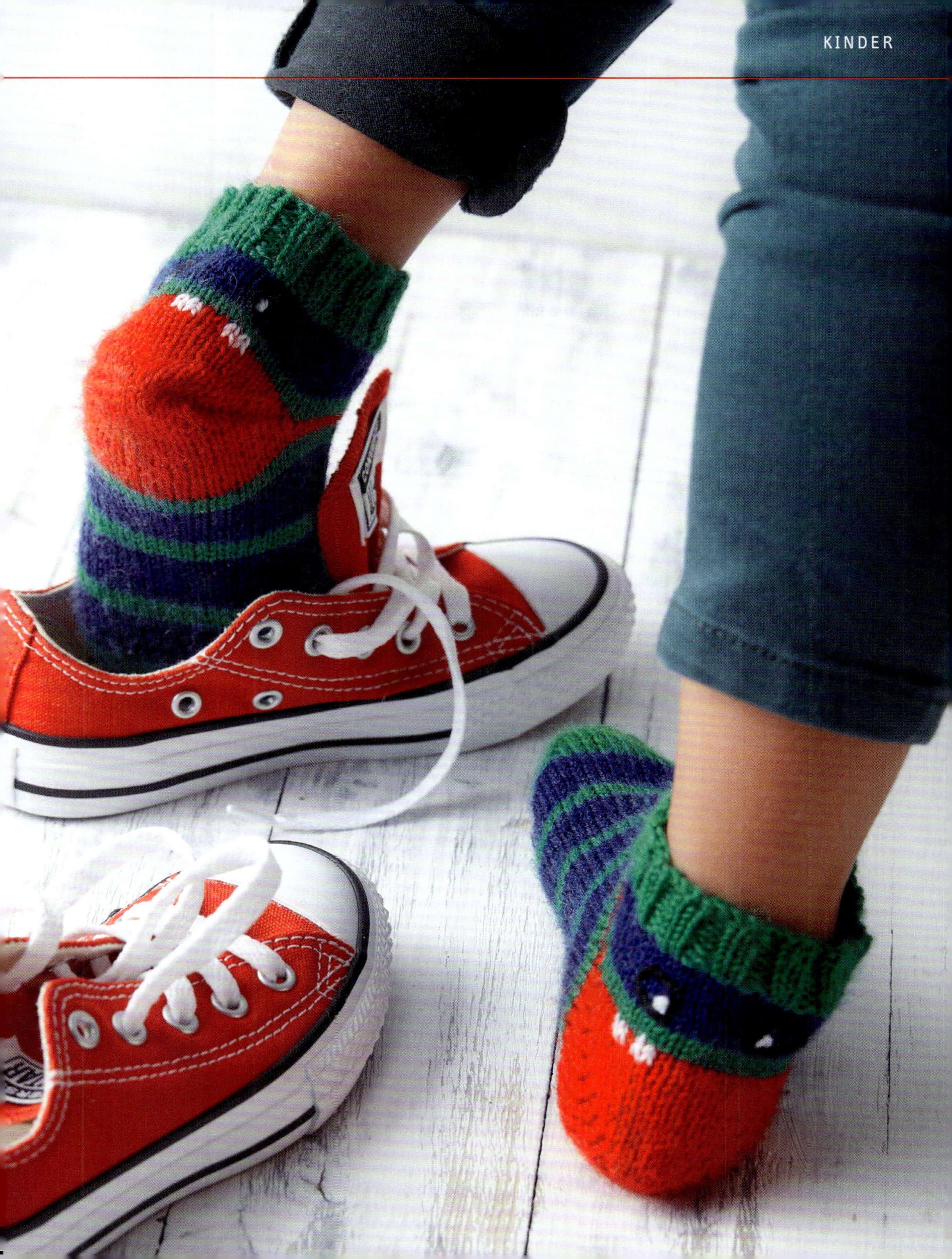

Put a Smile on your Feet

ein kleines Lächeln an großen Füßen

GRÖSSE
42/43

MATERIAL

- Schachenmayr Regia 4-fädig (LL 210 m/50 g) in Gelb (Fb 2041), 50 g, und in Schwarz (Fb 2066), Rest (zum Besticken)
- Nadelspiel 2,5 mm

MASCHENPROBE
Glatt rechts mit Nd 2,5 mm
30 M und 40 R
= 10 cm x 10 cm

Glatt rechts

In Hinr rechte M, in Rückr linke M bzw. in Rd alle M rechts str.

Bündchenmuster

1 M rechts verschränkt, 1 M links im Wechsel str.

Anleitung

64 M anschl, die M gleichmäßig auf 4 Nd verteilen (= 16 M pro Nd) und zur Rd schließen. 8 Rd im Bündchenmuster str. Anschließend über die M der 1. und 4. Nd die Bumerang-Ferse nach der Grundanleitung arb (siehe „So wird's gemacht").
Nach der Ferse verkürzte R auf dem Oberfuß arb wie folgt: Die M der 1. Nd und 3 M der 2. Nd rechts str; wenden. DM, linke M str bis zum Ende der 4. Nd plus 3 M der 3. Nd; wenden. Auf diese Weise weiter verkürzte R str und die R jeweils um 3 M verlängern, bis zwischen den DM in der Mitte noch 8 M übrig bleiben. Dann glatt rechts in Rd über alle M weiterstr bis zu einer Fußlänge von 22 cm. Die Bandspitze nach der Grundanleitung str (siehe „So wird's gemacht").

Fertigstellen

Für die Stickerei der Smileys einen Kreis von ca. 6 cm Durchmesser aus Papier ausschneiden, auf die Mitte des Oberfußes stecken. Mit schwarzem Garn die Kontur des Kreises mit Kettenstichen nachsticken. Augen und Mund ebenfalls mit Kettenstichen aufsticken (siehe Foto).

Mein Tipp für Sie

Weitere Größen Diese Sneakersocken haben verkürzte Reihen nach der Ferse, um den Oberfuß etwas zu verkürzen und werden ansonsten ganz schlicht gestrickt. Deshalb können sie nach der Größentabelle in jeder gewünschten Größe gestrickt werden.

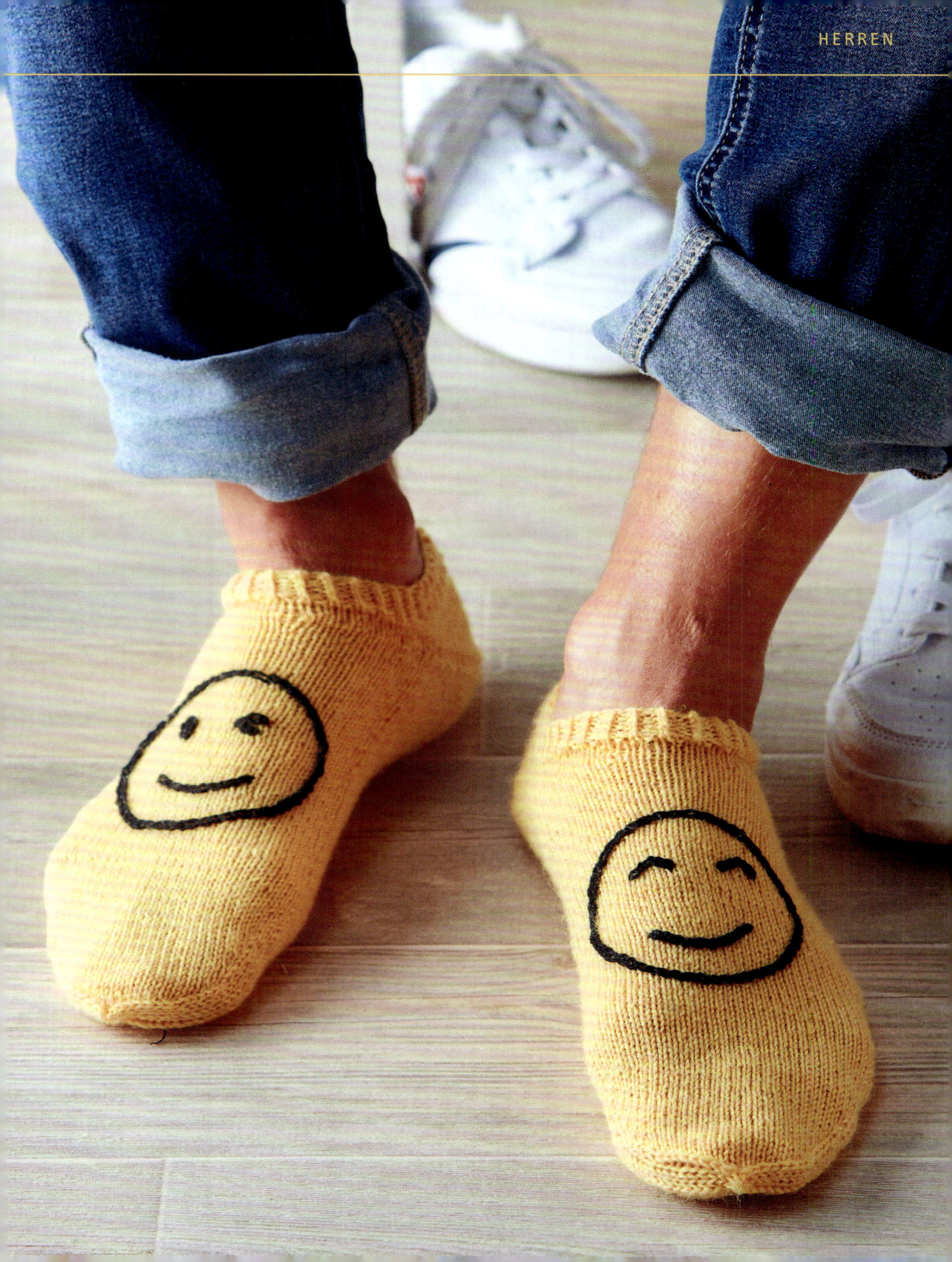

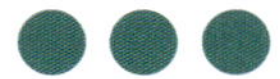

Into the Woods

rustikale Zehensocken in Waldfarben

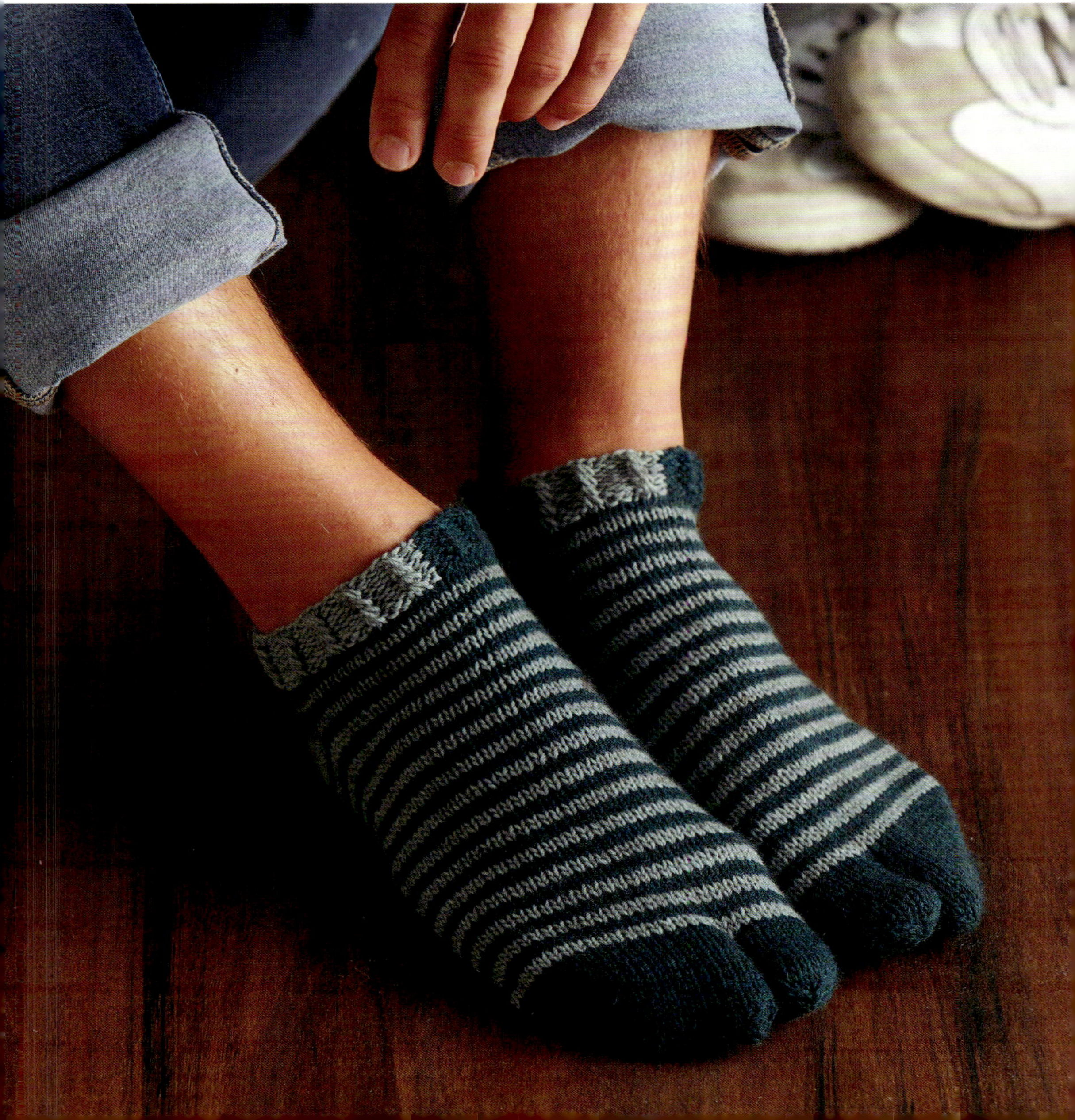

GRÖSSE
42/43

MATERIAL
- Schachenmayr Regia Premium Merino Yak (LL 400 m/100 g) in Mint (Fb 7513) und Teal (Fb 7514), je 100 g
- Nadelspiel 2,5 mm

MASCHENPROBE
Glatt rechts
mit Nd 2,5 mm
30 M und 42 R
= 10 cm x 10 cm

Glatt rechts

In Hinr rechte M, in Rückr linke M bzw. in Rd alle M rechts str.

Mini-Zöpfe ohne Zopfnadel

M-Zahl teilbar durch 4.
1.R (Rückr): 1 M rechts, * 2 M links, 2 M rechts. Ab * fortlaufend wdh bis zu den letzten 3 M, enden mit 2 M links, 1 M rechts.
2. R: 1 M links, * 2 M verkreuzen (= die 2. M auf der linken Nd rechts str, dann die 1. M rechts str und beide M von der linken Nd gleiten lassen), 2 M links. Ab * fortlaufend wdh bis zu den letzten 3 M, enden mit 2 M verkreuzen, 1 M links.
Die 1. und 2. R fortlaufend wdh.

Anleitung

Rechte Socke

64 M wie folgt anschl: 32 M in Mint, 32 M in Teal. Die Arbeit nicht zur Rd schließen, sondern zunächst für das Bündchen 10 R Mini-Zöpfe ohne Zopfnadel in Hin- und Rückr str; dabei beim Farbwechsel den Faden auf der linken Seite der Arbeit verkreuzen.
Dann die die M gleichmäßig auf 4 Nd verteilen (= 16 M pro Nd) und zur Rd schließen. In Mint über die M der 1. und 4. Nd die Bumerang-Ferse nach der Grundanleitung arb (siehe „So wird's gemacht").
Nach der Ferse den Fuß in Rd glatt rechts im Streifenmuster str: jeweils 2 Rd in Teal und 2 Rd in Mint im Wechsel str.
In 22 cm Fußlänge die Spitze mit separatem großem Zeh in Teal str wie folgt: Die letzten 10 M der 1. Nd und die ersten 10 M der 2. Nd für die große Zehe stilllegen und zunächst die Spitze für die übrigen vier Zehen über die verbleibenden 44 M arb. Diese 44 M zur neuen Rd schließen, dabei auf der Seite der großen Zehe 4 M neu anschl (= 46 M). Der neue Rundenbeginn liegt nach 2 der neu angeschlagenen M; die M aufteilen wie folgt: 1. Nd 10 M, 2. Nd 13 M, 3. Nd 13 M, 4. Nd 10 M. Nun wie gewohnt am Ende der 2. Nd und am Beginn der 3. Nd gemäß Grundanleitung M für die Bandspitze abnehmen: nach der ersten Abnahme 1x in der 3. Rd, 2x in jeder 2. folgenden Rd und 4x in jeder folgenden Rd. Anschließend noch 2 Rd mit den so eingeteilten Abnahmen str, jedoch gleichzeitig auf der gegenüberliegenden Seite (am Ende der 4. Nd und am Beginn der 1. Nd) ebenfalls Abnahmen str. Es bleiben 8 M auf der 1. Nd, 2 M auf der 2. Nd, 2 M auf der 3. Nd und 8 M auf der 4. Nd (= 20 M). Die verbleibenden M von Oberfuß und Sohle im Maschenstich verbinden.
Die M für die große Zehe wieder in Arbeit nehmen und aus den 4 angeschlagenen M wieder 4 M aufnehmen (= 24 M). Die M so auf 4 Nd verteilen, dass der Rd-Beginn in der Mitte der neu aufgenommenen M liegt (= 6 M pro Nd), und zur Rd schließen. 2,5 cm glatt rechts str, dann mit seitlichen Bandabnahmen gemäß Grundanleitung beginnen (siehe „So wird's gemacht"): nach der ersten Abnahme noch 2x in jeder 2. Rd und 1x in der folgenden Rd jeweils 4 M abnehmen. Die restlichen 8 M entweder mit einem Faden zusammenziehen oder im Maschenstich verbinden. Alle Fadenenden vernähen und dabei die kurze Naht am oberen Bündchen schließen.

Linke Socke

Wie die rechte Socke str, jedoch für den großen Zeh die letzten 10 M der 3. Nd und die ersten 10 M der 4. Nd stilllegen. Über die verbleibenden 44 M den Teil für die übrigen vier Zehen die Spitze gegengleich zur Spitze der rechten Socke str.

Best Buddy

kleiner Freund für die Füße

GRÖSSE
42/43

MATERIAL
- Schachenmayr Regia Premium Bamboo (LL 400 m/100 g) in Natur (Fb 02), 100 g
- Schachenmayr Regia 4-fädig (LL 210 m/50 g) in Schwarz (Fb 2066), Rest (zum Besticken)
- Nadelspiel 2,5 mm

MASCHENPROBE
Glatt rechts mit Nd 2,5 mm
30 M und 42 R
= 10 cm x 10 cm

Glatt rechts

In Hinr rechte M, in Rückr linke M bzw. in Rd alle M rechts str.

Bündchenmuster

2 M rechts, 2 M links im Wechsel str.

Mini-Zopfmuster ohne Zopfnadel

1.-3. Rd: * 2 M rechts, 2 M links. Ab * fortlaufend wdh.
4. Rd: * 2 M verkreuzen (= die 2. M auf der linken Nd rechts str, dann die 1. M rechts str und beide M von der linken Nd gleiten lassen), 2 M links. Ab * fortlaufend wdh.
Die 1.-4. Rd fortlaufend wdh.

Anleitung

Zunächst für die Lasche in der hinteren Fersenmitte 7 M anschl.
1. R (Rückr): 1 M links, 2x [1 M rechts, 1 M links abheben mit Faden vor der Arbeit], 1 M rechts, 1 M links.
2. R: 1 M rechts, 1 M links abheben, [1 M rechts, 1 U,1 M rechts] in die nächste M str, 1 M links abheben, [1 M rechts, 1 U,1 M rechts] in die nächste M str, 1 M links abheben, 1 M rechts (= 11 M).
3. R: 1 M links, * 1 M rechts, 1 M links abheben. Ab * fortlaufend wiederholen, enden mit 1 M rechts, 1 M links.
4. R: 1 M rechts, 1 M links abheben, [1 M rechts, 1 U, 1 M rechts] in die nächste M str, 1 M links abheben, 1 M rechts, 1 M links abheben, 1 M rechts, 1 M links abheben, [1 M rechts, 1 U, 1 M rechts] in die nächste M str, 1 M links abheben, 1 M rechts (= 15 M).
Mustergemäß (= 1 M rechts, 1 M links abheben im Wechsel) ohne weitere Zunahme weiterstr bis zu einer Laschenhöhe von ca. 2,5 cm. In der nächsten Hinr 7x 2 M mustergemäß zusammenstr, die letzte M rechts str (= 8 M); zusätzlich 56 M neu anschl und die M auf 4 Nd des Ndspiels verteilen wie folgt: 1. Nd 4 M der Lasche + 12 M, 2. und 3. Nd jeweils 16 M, 4. Nd 12 M + 4 M der Lasche (= 64 M insgesamt). 12 Rd im Bündchenmuster str. Anschließend über die M der 1. und 4. Nd die Bumerang-Ferse glatt rechts nach der Grundanleitung arb (siehe „So wird's gemacht").
Nach der Ferse über die 32 M des Oberfußes (= 2. und 3. Nd) das Bündchenmuster als Mini-Zopfmuster weiterführen; die Sohlen-M (= 1. und 4. Nd) glatt rechts str.
Nach 22,5 cm Fußlänge die Bandspitze nach der Grundanleitung str (siehe „So wird's gemacht").

Fertigstellen

Mit schwarzem Garn auf die Fersenlasche jeweils ein kleines Gesicht mit zwei Kreuzstichen als Augen und Stielstichen für den Mund sticken.

Meine Tipps für Sie

Garnmenge Das Material reicht für zwei Paar Socken.
Weitere Größen Anhand der Größentabelle können die Socken in jeder Größe gestrickt werden, deren Maschenzahl durch 4 teilbar ist.

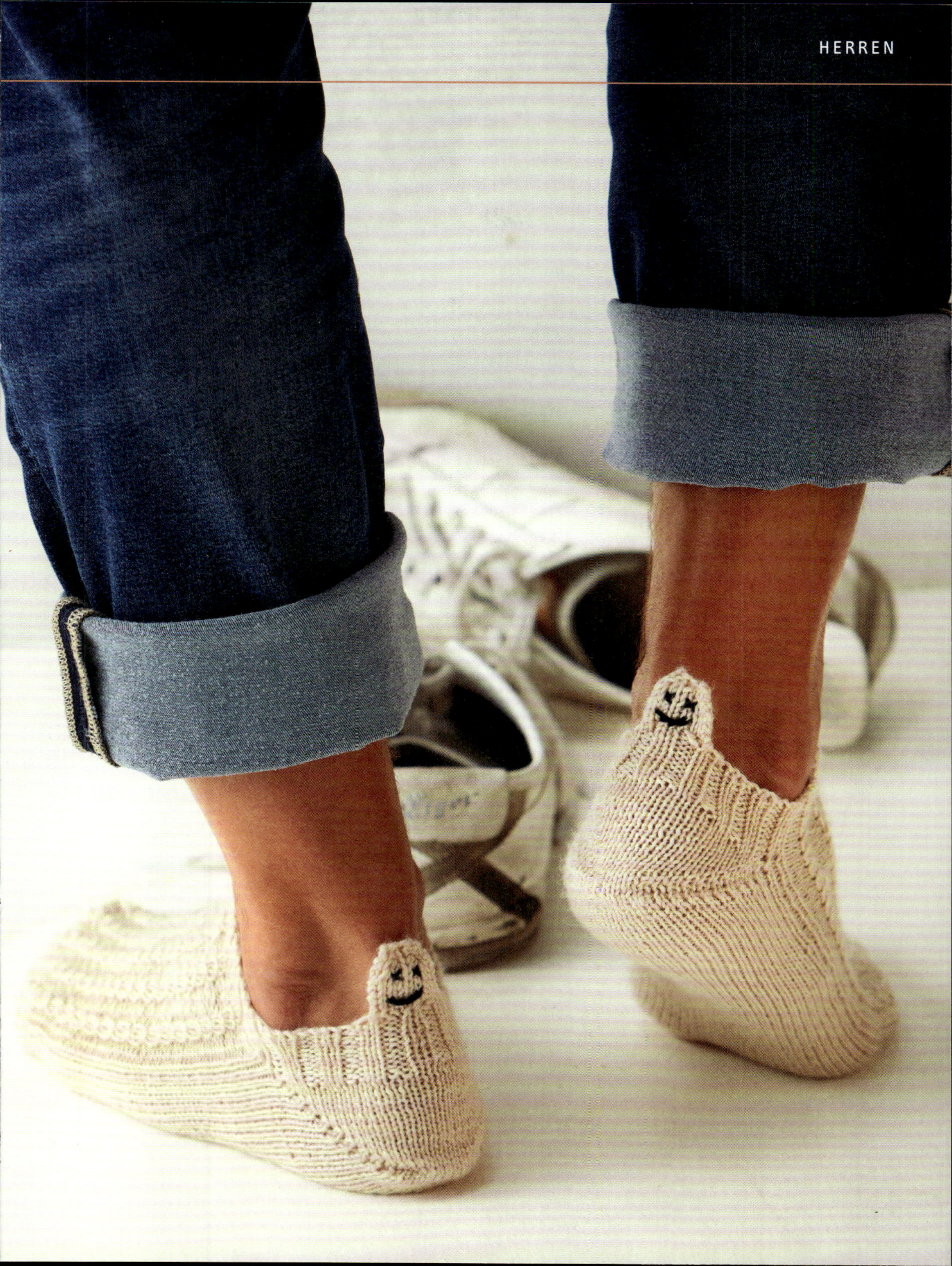

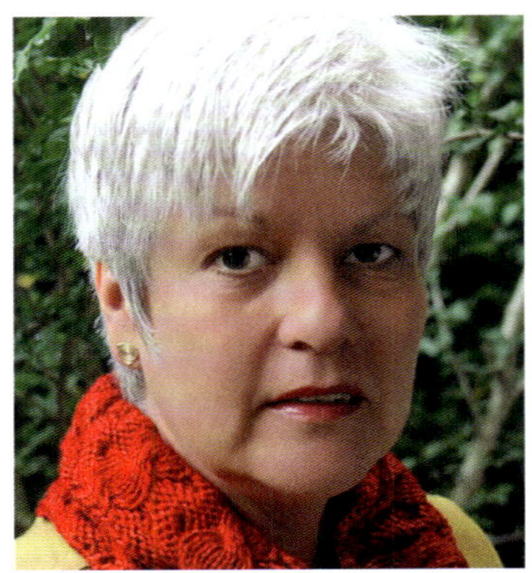

Dagmar Bergk, geboren 1956 in Berlin, lebt und arbeitet im Kreis Landsberg/Lech, Bayern. Sie ist verheiratet und Mutter von drei erwachsenen Kindern. Seit über 30 Jahren haben Handarbeiten, vor allem (wieder) das Stricken, einen über das reine Hobby hinausgehenden Anteil in ihrem Leben.

DANKE!

Wir danken folgenden Firmen für die Unterstützung bei diesem Buch:
MEZ GmbH,
www.schachenmayr.de
Buttinette,
www.buttinette.de
Hohenloher Wolle GmbH,
www.schoppel-wolle.de
LANG & CO. AG,
www.langyarns.com

TOPP – Unsere Servicegarantie

WIR SIND FÜR SIE DA! Bei Fragen zu unserem umfangreichen Programm oder Anregungen freuen wir uns über Ihren Anruf oder Ihre Post. Loben Sie uns, aber scheuen Sie sich auch nicht, Ihre Kritik mitzuteilen – sie hilft uns, ständig besser zu werden.

Bei Fragen zu einzelnen Materialien oder Techniken wenden Sie sich bitte an unseren Kreativservice, Frau Erika Noll.
mail@kreativ-service.info
Telefon 07 11/12 37 57 20

Das Produktmanagement erreichen Sie unter:
pm@frechverlag.de
oder:
frechverlag
Produktmanagement
Dieselstraße 5
70839 Gerlingen
Telefon 07 11 / 8 30 86 68

LERNEN SIE UNS BESSER KENNEN! Fragen Sie Ihren Hobbyfach- oder Buchhändler nach unserem kostenlosen Magazin **Meine kreative Welt**. Darin entdecken Sie dreimal im Jahr die neuesten Kreativtrends und interessantesten Buchneuheiten.

Oder besuchen Sie uns im Internet! Unter **www.topp-kreativ.de** können Sie sich über unser umfangreiches Buchprogramm informieren, unsere Autoren kennenlernen sowie aktuelle Highlights und neue Kreativtechniken entdecken, kurz – die ganze Welt der Kreativität.

Kreativ immer up to date sind Sie mit unserem monatlichen **Newsletter**. Für aktuelle Infos, Gratis-Anleitungen und Gewinnspiele gleich anmelden unter **www.TOPP-kreativ.de/Newsletter**

IMPRESSUM

FOTOS: frechverlag GmbH, 70499 Stuttgart; lichtpunkt, Michael Ruder, Stuttgart
PRODUKTMANAGEMENT: Mareike Upheber
LEKTORAT: Helene Weinold, Violau
GESTALTUNG: Petra Theilfarth
DRUCK: Tiskárna Grafico s.r.o., Tschechische Republik

6. Auflage 2023

ISBN 978-3-7724-6852-0 • Best.-Nr. 6852

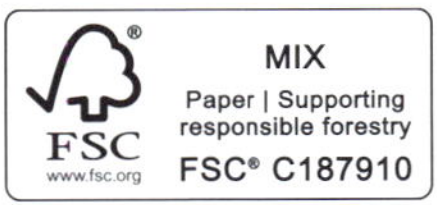

Penguin Random House Verlagsgruppe
FSC® N001967